TERRY DENTONS ECHT SERIEUS GEWELDIGE GIDS VOOR ALLES

Lannoo

Vertaald door Edward van de Vendel

VOOR...

KRISTEN

Met dank aan Michelle
voor al het extra onderzoek.
En aan Tony voor de
vormgeving.

WAT ER IN DIT BOEK STAAT

(Het wordt geweldig!)

EEN HEEL SERIEUS EN ONGELOOFLIJK BELANGRIJK VOORWOORD DOOR PROFESSOR Terry Denton

Hallo lezers,

De meesten van ons weten een KLEIN BEETJE van HEEL VEEL dingen.
Of HEEL VEEL van EEN PAAR dingen.
Maar ik weet BEST VEEL van BIJNA alles!

Wedden dat je niet eens wist dat ik een professor ben?

Oké, zelf wist ik het ook niet.

Maar dat ben ik dus wel!
Mijn vogel, mijn paard en mijn reuzenspin hebben het zelf gezegd.

Iedereen kent mij dus als de
PROFESSOR VAN BIJNA ALLES.

Ik geef het toe, er zijn EEN PAAR DINGEN waar ik niks van weet.

Dingen zoals make-up en mode, autotechniek, hoe je een vliegtuig moet besturen, openhartoperaties, geslotenhartoperaties en het temmen van gorilla's…

Maar AL HET ANDERE heb ik opgezocht.

En ik denk dat je het met me eens zult zijn dat het allemaal HEEL interessant is.

In dit boek leer je over:

HET HEELAL, dat heel, heel, heel, heel, heel, heel erg groot is. Het bevat miljarden grote ronde dingen die in (een soort van) cirkels bewegen om miljarden andere, zelfs nog grotere ronde dingen.

DE AARDE, die ook heel erg groot is
en vol met vlammend gesmolten ijzer.
Maar op de een of andere manier brandt het niet op.

HET LEVEN op aarde,
inclusief vreemde dieren zoals vogels en paarden,
en muggen en piepkleine bacteriën,
waarvan de meeste jou proberen op te eten.

HET MENSELIJK LICHAAM en hoe de afzonderlijke delen werken…
of niet werken.
Of grandioos mislukken.

Alle TOFFE DINGEN die mensen hebben uitgevonden
en in elkaar gezet met hun breinige breinen en hun vingerige handen.

Er is zelfs een compleet hoofdstuk over TIJD,
alleen is dat heel ingewikkeld,
ik snap er geen snars van.
En nadat ik het uitgelegd heb, snap jij er ook geen snars van.

Dus stop maar met het lezen van mijn heel serieuze en ongelooflijk belangrijke voorwoord en begin met het lezen van de…

ECHT SERIEUS GEWELDIGE

GIDS VOOR ALLES

En dan word ook jij een Professor van (bijna) Alles.

1

JIJ BENT HET HEELAL

Het heelal is alles om jou heen, alles voorbij jou, en

OOK JIJZELF...

Het heelal is GROOT.

HEEL GROOT.

Als je in het 'centrum' van het heelal zou staan, dan is de buitenste 'rand' zo'n 434.000.000.000.000.000.000.000 km van je vandaan. Ongelooflijk.

Zoveel kilometers!
Daarom zeggen we dus dat het heelal

GROOT is!

Als je een ruimteauto had die 1000 km per seconde (DAT IS HEEL ERG SNEL!) kon rijden, dan zou je er alsnog 20.000.000.000.000 (20 biljoen) jaar over doen om bij de uiterste 'rand' van het heelal te komen.

Dat is een HEEL LANGE TIJD.
Veel langer dan dat het heelal bestaat.
En… om je nog verder in verwarring te brengen: niemand weet of het heelal wel echt een 'rand' heeft. De meeste wetenschappers denken dat het heelal zich steeds opnieuw om zichzelf heen wikkelt en dat het uitdijt.
Misschien blijft het wel eeuwig uitdijen.

Dat weten zelfs de slimste mensen in de wereld niet zeker.

Waar is het heelal van gemaakt?
Het heelal is vooral gemaakt van

NIETS.

In ons kleine zonnestelsel zijn zelfs de afstanden tussen de planeten enorm groot.
In 1977 begon het ruimtevaartuig Voyager 2 aan een reis langs alle planeten. Het duurde 12 jaar voor het bij Neptunus was, de planeet die het verst van de zon af staat.
Het reisde met een snelheid van 56.000 km per seconde.
DAT IS SNEL!

Dus zelfs ons zonnestelsel is voornamelijk

NIETS.

In ons zonnestelsel, de MELKWEG, zijn meer dan 400.000.000.000 (400 miljard) sterren.

In het hele heelal zijn er volgens wetenschappers meer dan 1.000.000.000.000.000.000.000.000 sterren.

Zo'n hoeveelheid kun je je onmogelijk voorstellen.
Behalve als je naar het strand gaat…
want een redelijk groot strand bevat ongeveer net zoveel zandkorrels als dat er sterren in het universum zijn.

FEITENVAKJE

Sterren zijn enorme gasbollen die bijeengehouden worden door zwaartekracht. Die kracht is gigantisch, hij duwt de gassen dichter en dichter op elkaar. Uiteindelijk begeven de atomen het en dan begint er een proces dat KERNFUSIE heet. Fusie betekent: twee atoomkernen versmelten, waarbij energie vrijkomt. Bij de meeste sterren fuseert waterstof tot helium. De energie die vrijkomt stralen ze uit als hitte en licht.

Dus, samenvattend:

Jij ↓ klein

Sterren ↓ **VEEL**

Het heelal ↓ **GROOT!**

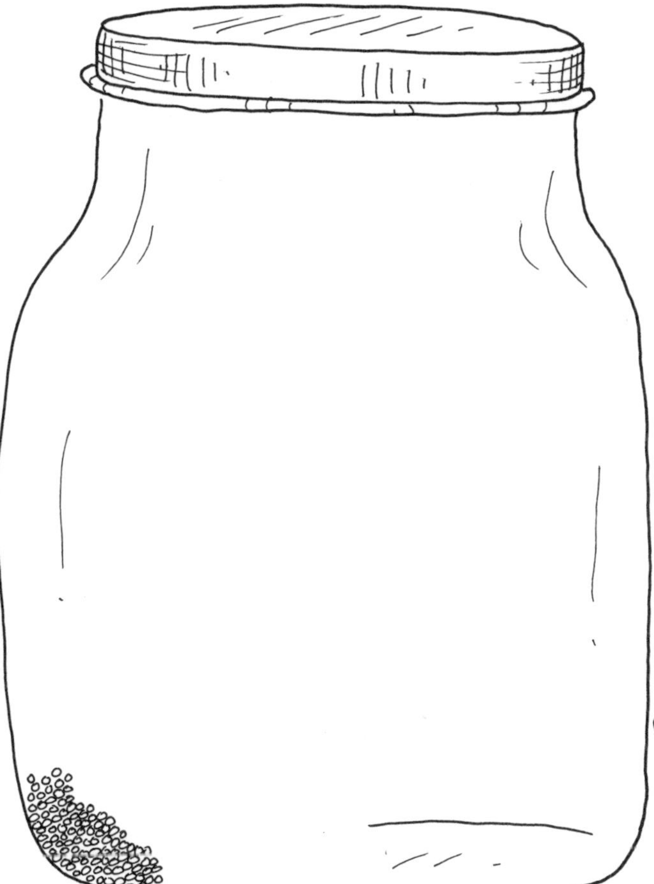

In deze pot zijn 100 zandkorrels getekend.

←

Stel je voor dat je hem zou vullen met kleine getekende zandkorreltjes en dat je bij zou houden hoeveel je er al gedaan hebt. Het aantal korrels dat je nodig hebt om hem te vullen zal je verbazen.

In het heelal zijn er massa's EN MASSA'S sterren,
maar ons zonnestelsel heeft er maar één...

DE ZON!

Astronomen kennen tot nu toe meer dan 500 zonnestelsels, en elk jaar ontdekken ze er meer.

Als er meer dan 1.000.000.000.000.000.000.000.000 sterren zijn, dan zijn er misschien ook meer dan 1.000.000.000.000.000.000.000.000 zonnestelsels.

Niets wat op aarde leeft kan zonder warmte van de zon en zonder licht, dus MISSCHIEN draait er om een van die sterren een planeet zoals de aarde.
Nog een belangrijk ingrediënt voor leven is VLOEIBAAR WATER.
Als de aarde dichter bij de zon zou staan, zoals Mercurius of Venus, dan zou het water koken.
Als hij verder weg zou staan, dan zouden we net als Mars een stenen ijsbal zijn.

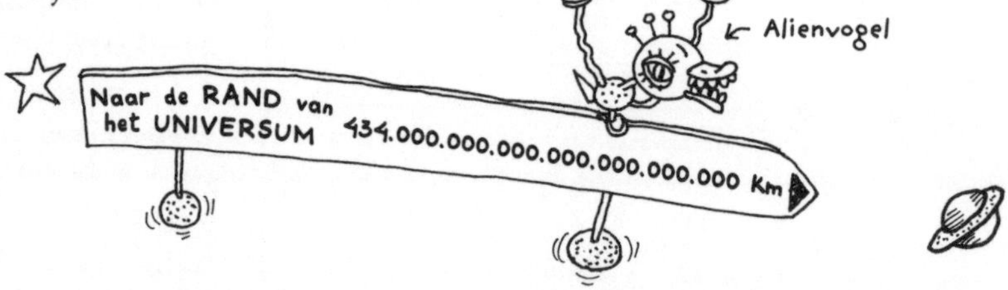

Door het licht te bestuderen dat van andere werelden komt, kunnen wetenschappers zien uit welke gassen en elementen hun atmosfeer bestaat.
Water of zuurstof? Dat zou goed nieuws betekenen.
Maar misschien ziet buitenaards leven er heel anders uit dan we denken...

Twinkel, twinkel, kleine ster!
Kijk 's nachts eens naar de sterren – ze twinkelen echt, maar alleen als je ze vanaf de aarde bekijkt. Als je in de ruimte bent, zien ze er gewoon uit als ronde lichtpuntjes.

Nu weet je (bijna)

ALLES

wat er over sterren te weten valt!

Maar alles wat de mensen VROEGER over sterren wisten, was dat ze ons 's nachts konden vertellen hoe laat het was.
En dat ze ons konden helpen bij het bepalen waar op aarde we waren, een beetje als een plattegrond in de nachthemel.

Duizenden jaren lang dachten we dat de aarde plat was.
Zelfs 500 jaar geleden wisten we nog niet dat de aarde in een baan om de zon draait.
En daarna dachten we dat de zon het middelpunt van het universum was.

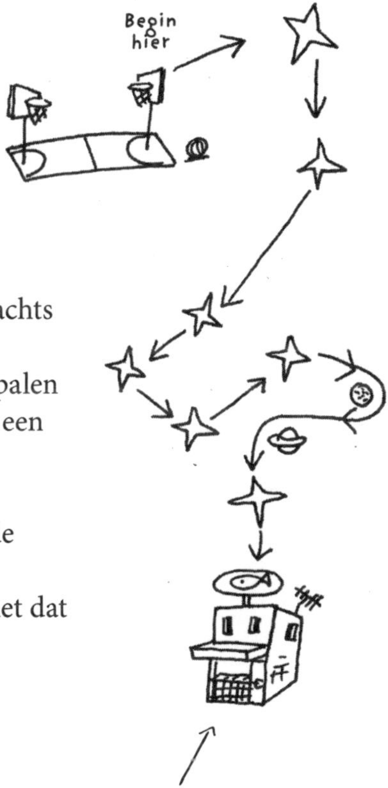

De sterrenplattegrond van het middelpunt van JOUW hele heelal

VLIEGEN OF BAKKEN

De zon werd geboren uit een ENORME tollende gas- en stofwolk die we een NEVEL noemen. De nevel stortte in, en naarmate hij sneller en sneller ronddraaide, platte hij af tot hij de vorm had van een schijf. Zo ziet ons zonnestelsel er nu uit.

In het middelpunt werd de zon gevormd en daaromheen klonterden andere deeltjes samen tot planeten. Sterren kennen een sterke kracht die we de ZWAARTEKRACHT noemen. De zwaartekracht trekt alles naar zich toe. Dus waarom wordt de aarde dan niet opgezogen en gebakken als een eitje? Dat komt doordat de aarde zich ook met veel energie VOORUIT beweegt, en die voorwaartse energie weegt op tegen de zwaartekracht die ons naar de zon toe trekt.

Als de zon zou verdwijnen, schoten de aarde en alle andere planeten in een rechte lijn weg.

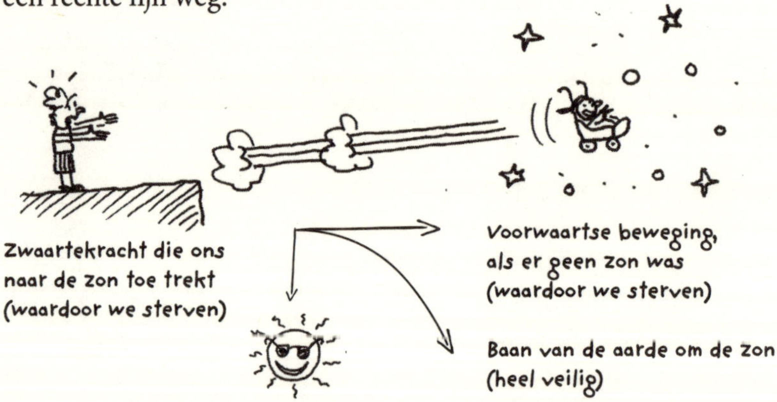

Dan zouden we aan een reis beginnen naar het koude, duistere NIETS van de ruimte. Op onze tocht om de zon heen worden we vergezeld door heel veel ASTEROÏDEN en KOMETEN.

KOMETEN EN ASTEROÏDEN

Kometen zijn van ijs, stof en steen gemaakt. Soms zie je hun STAART, die bestaat uit gas en stof.

De komeet van Halley is een komeet die elke 75 of 76 jaar de aarde passeert. Al duizenden jaren lang wordt daar door geschiedkundigen over geschreven en zien we hem terug in de kunst.

Asteroïden zijn steenklonten die rondzwerven in de ruimte. Miljarden asteroïden bewegen zich om de zon in een GORDEL tussen Mars en Jupiter.

Sommige zijn piepklein, maar sommige grotere, rondere asteroïden krijgen de naam DWERGPLANETEN.

FEITENVAKJE

Als er iets uit de ruimte op onze atmosfeer botst, dan noemen we het een METEOOR. De meeste meteoren verbranden en raken de aarde NIET. We zien enkel een lichtstreep aan de nachthemel en noemen dat een vallende ster. Een METEORIET is alles wat uit de ruimte afkomstig is en wel op het aardoppervlak terechtkomt. Wellicht heeft een grote meteoriet ervoor gezorgd dat de dinosaurussen uitgestorven zijn.

ZWART GAT

… zijn vreemd en geheimzinnig.

Een briljante wetenschapper die Albert Einstein heette, voorspelde in 1916 al dat ze bestonden. Maar pas in 1971 vonden astronomen er een.

Een ZWART GAT ontstaat uit de kern van een geëxplodeerde ster. Ze kunnen ENORM GROOT of heel klein zijn. Hun zwaartekracht is zo sterk dat zelfs het licht erin gezogen wordt.

Dus je kunt een zwart gat niet ZIEN. Wetenschappers weten dat ze er zijn door wat er met objecten om hen heen gebeurt. Soms ontstaat er een ACCRETIESCHIJF, een gloeiende spiraal van gas en stof die naar het gat toe wordt gezogen.

EINSTEIN en ZWARTE GATEN

MANEN EN PLANETEN

Vanaf de aarde gezien zijn de twee helderste dingen aan de nachthemel de maan en de planeet Venus.

Wat is het verschil tussen een maan en een planeet?
MANEN draaien in een baan om planeten en PLANETEN draaien in een baan om sterren.
Simpel!

FEITENVAKJE

De aarde helt een klein beetje over omdat hij heel lang geleden, toen de aarde nog maar een babyplaneet was, geraakt werd door iets heel groots, wat hem een beetje scheef sloeg. Wetenschappers denken dat het puin dat door die klap de ruimte in geslingerd werd misschien in onze baan gevangen werd en zo onze maan werd.

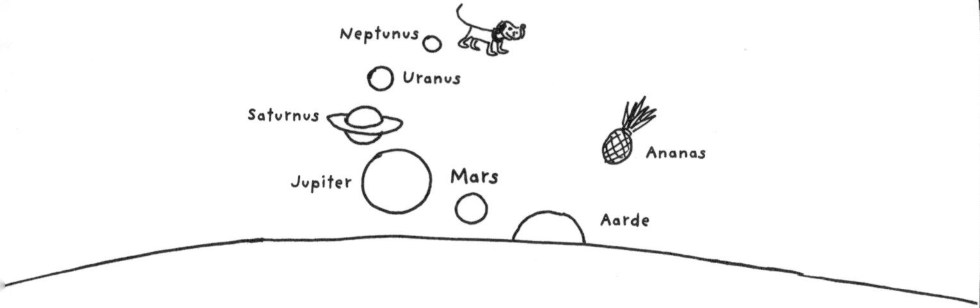

Niet alle manen zijn dode stenen. Wetenschappers hebben bewijs gevonden dat zich onder het ijsachtige oppervlak van een van de manen van Jupiter, Europa, een enorme zoutwateroceaan bevindt. Europa heeft ook een dunne zuurstofdampkring.
Op allerlei manieren lijkt die maan meer op de aarde dan de planeet waar hij omheen draait.

ALLES wat rondzweeft in de ruimte kan worden gevangen in de baan van een planeet en zo een maan worden.

Sommige manen hebben zelf ook ‘manen’.
Er zijn acht grote planeten die om de zon cirkelen.
Maar er zijn ook andere dingen, waaronder al die asteroïden en dwergplaneten als Ceres, Pluto, Makemake en Eris…

Onze maan is de op vier na grootste in het zonnestelsel.
Het is, naast de aarde, de enige plek in de ruimte waar mensen rondgelopen hebben.
Omdat er op de maan geen wind of regen is, kunnen de voetstappen van de astronauten nog altijd waargenomen worden in het stof.

Er wandelden voor het eerst mensen op de maan in 1969, toen Buzz Aldrin, Neil Armstrong en Michael Collins met de Apollo 11-missie de ruimte in gingen.

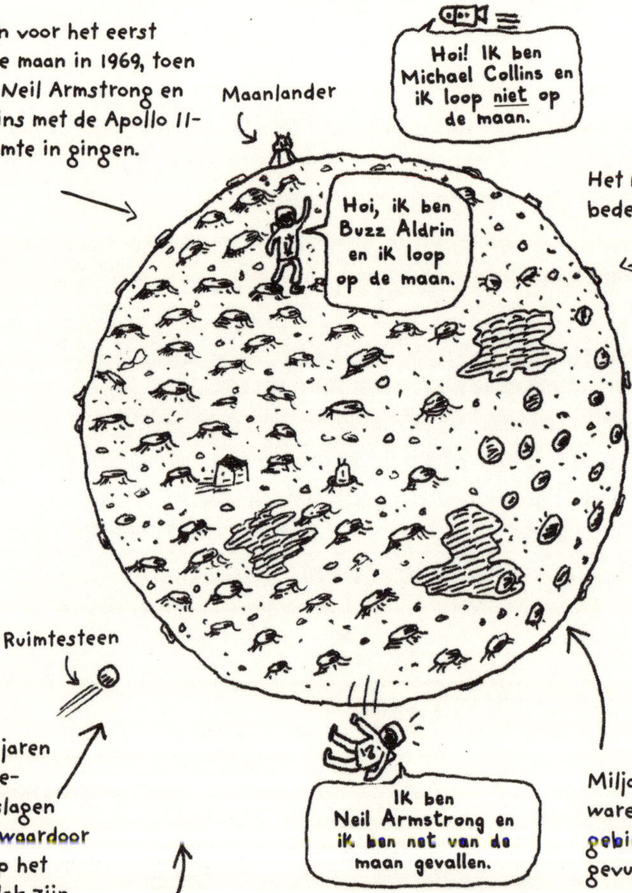

Het maanoppervlak is bedekt met stof.

Al miljarden jaren zijn er ruimtestenen ingeslagen op de maan, waardoor de kraters op het maanoppervlak zijn ontstaan.

Miljarden jaren geleden waren de donkere gebieden op de maan gevuld met lava.

De maan heeft een dampkring, maar die is heel dun, en hij bevat geen gassen die wij in kunnen ademen. Er is ook zwaartekracht op de maan, maar die is zwak (ongeveer 16,6% van de zwaartekracht op aarde). Als je er iets laat vallen, dan valt het veel langzamer. Jij zou ongeveer een zesde deel wegen van dat wat je op aarde weegt.

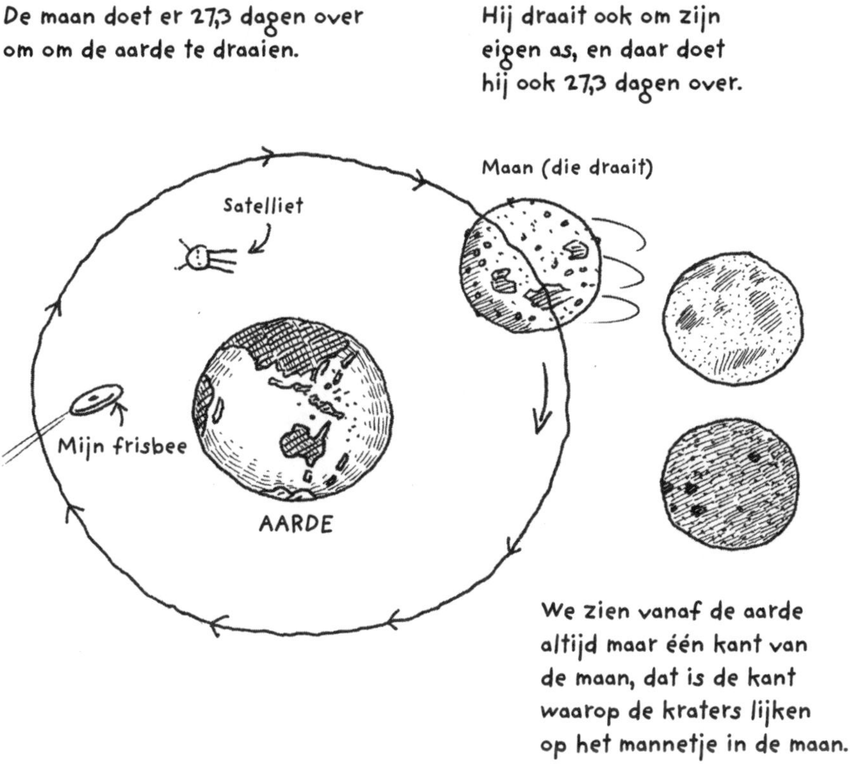

Dat we vanaf de aarde de maan steeds anders zien, komt alleen omdat de zon verschillende gedeeltes van de maan beschijnt. De hele cyclus duurt ongeveer 29,5 dagen, een beetje langer dan de werkelijke tijd die het de maan kost om om de aarde te draaien.

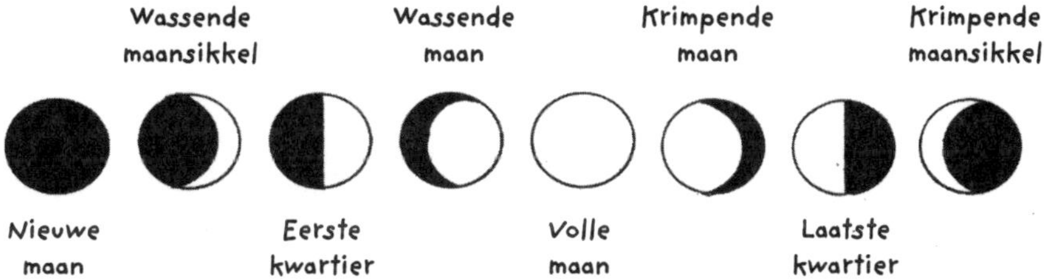

ONS ZONNESTELSEL

We hebben hier op aarde het gevoel dat we stilstaan, maar net als de maan bewegen we voortdurend. Onze planeet draait om zijn as en de tijd die nodig is om dat te doen, noemen we een DAG.

Onlangs ontdekte planeet Cupcake. Heerlijk!

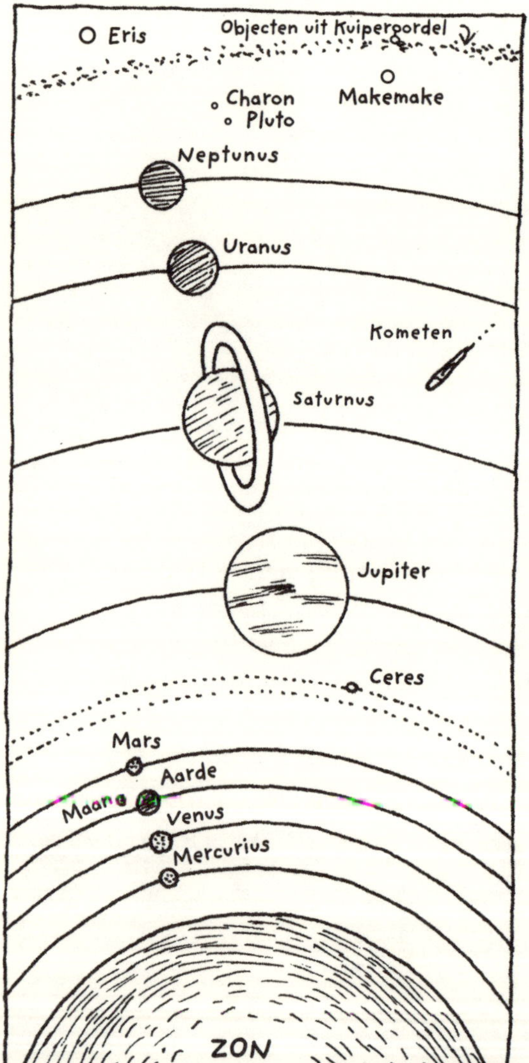

De gasachtige planeten staan verder af van de zon en de steenachtige zijn dichterbij.

De zon is een GELE DWERGster.
De gasachtige oppervlakte wordt de FOTOSFEER genoemd.

De buitenste laag van de atmosfeer van de zon wordt de CORONA genoemd. Die kun je alleen zien tijdens een ZONSVERDUISTERING, als de maan tussen ons en de zon staat.

Tegelijkertijd draait onze om zijn as wentelende planeet langzaam om de zon. Niet alle planeten doen er even lang over om rond hun ster te cirkelen, en sommige planeten draaien zelfs om TWEE sterren heen, maar wij doen er momenteel 365,25 dagen over. Die reis noemen we EEN JAAR.

NEPTUNUS

4500 miljoen km van de zon. Ongeveer even groot als Uranus. Bestaat uit gas en ijs, met dunne ringen van ijs en gruis. Heeft 14 manen. Hier wonen? Vergeet 't maar.

URANUS

2900 miljoen km van de zon. Vier keer zo groot als de aarde. De koudste planeet. Gemaakt van gas en ijs. Heeft 27 manen. Door de ijsachtige dampkring heeft hij een lichtblauwe kleur. Niet aangenaam voor mensen.

SATURNUS

1400 miljoen km van de zon. Groot en gasachtig, net als Jupiter. Heeft 'ringen' die bestaan uit brokken ijs en gruis, en 32 manen. Niet naartoe gaan.

JUPITER

780 miljoen km van de zon. De grootste planeet. Heeft 79 manen, gigantische 'ringen' die bestaan uit stof, en een storm die er als een rode vlek uitziet en al 350 jaar duurt. Alleen maar heet gas en NIET LEUK.

MARS

230 miljoen km van de zon. Half zo groot als de aarde. De op één na kleinste planeet. Heeft twee manen. Zijn oppervlak heeft een oranjerode kleur, maar het is er KOUD. Ga er niet wonen.

AARDE

150 miljoen km van de zon. Fijne plek om te leven.

VENUS

110 miljoen km van de zon. Net zo groot als de aarde, maar heel heet. Heeft geen manen en is bedekt door wolken van zwavelzuur. Au.

MERCURIUS

58 miljoen km van de zon. Heeft geen manen en is de kleinste planeet. Heel heet en het dichtst bij de zon, maar niet de heetste planeet!

FEITENVAKJE

De ruimte is volledig stil, omdat geluid alleen geproduceerd wordt als er iets trilt. Op aarde dragen luchtmoleculen trillingen naar je oren. In het grote vette NIETS van de ruimte kunnen licht en radiogolven wel reizen, maar geluid kan dat niet. Daarom gebruiken astronauten radio's om te communiceren.

Ongeveer 4,5 miljard jaar geleden ontstond de zon uit een wolk met stof en gas. Dat lijkt HEEL ERG LANG GELEDEN. En dat is het ook!

Maar NOG VEEL VERDER terug, 14 MILJARD JAAR GELEDEN...

OER-

BEGON ALLES IN HET HEELAL MET EEN...

KNAL

Deze KNAL was KNALGROOT!!

DOOR DE OERKNAL ONTSTONDEN ATOMEN

Alles wat er is bestaat uit ATOMEN. ALLES!

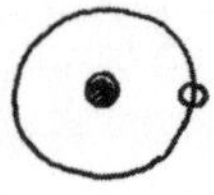

Waterstofatoom (heel simpel)

Atomen voegen zich samen en worden MOLECULEN. Die voegen zich samen en worden

ALLES.

Zo zien atomen eruit, met een zwaar deeltje in het midden (de NUCLEUS, de atoomkern) en piepkleine ELEKTRONEN die er aan de buitenkant omheen vliegen.

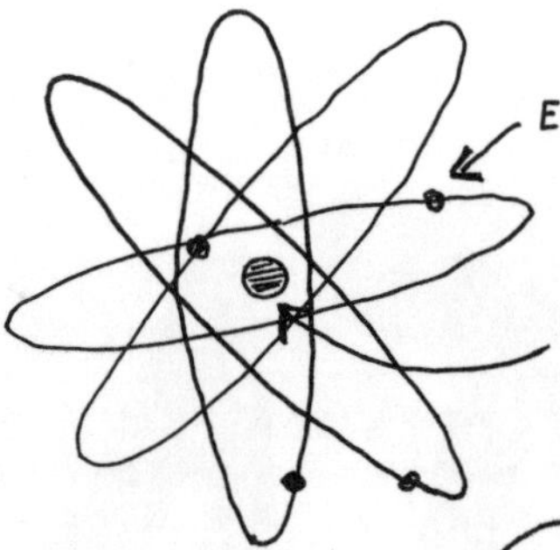

Heliumatoom

Maar een atoom is voornamelijk NIKS. En jij bent gemaakt van atomen, dus JIJ bent vooral NIKS. En alle planeten, manen en sterren zijn van atomen gemaakt, dus die zijn ook vooral

NIKS!

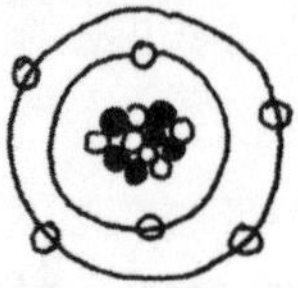

Koolstofatoom

Die donkere stukjes in het midden zijn protonen. De lichte stukjes zijn neutronen.

Ongelooflijk, maar waar.

FEITENVAKJE

Atomen zijn de bouwstenen van het universum. Atomen zijn ongelooflijk klein, maar ze zijn gemaakt van nog kleinere deeltjes die SUBATOMAIRE DEELTJES heten (PROTONEN en NEUTRONEN in de atoomkern, plus ELEKTRONEN). Zelfs subatomaire deeltjes zijn gemaakt van kleinere deeltjes, die HADRONEN en QUARKS heten. Ze waren te klein om hier te tekenen. Kan het trouwens nog kleiner? Dat weten we gewoon niet.

Hé, Paard, wat denk je dat er voor de oerknal was?
De voorknal?
Een oerpad?
Niemand weet wat er was voordat uit de oerknal het universum ontstond.
De oer-banaan?
Een stomme aap?
Een enorme voetzoeker?
Zo ziet NIETS eruit.
Dus hoe ziet niets eruit?
Niets ziet er als niets uit, Paard.
Maar hoe ziet dat tweede niets eruit?
Niets lijkt dus op een wit papieren vierkantje.

JIJ bent klein vergeleken bij een

STER,

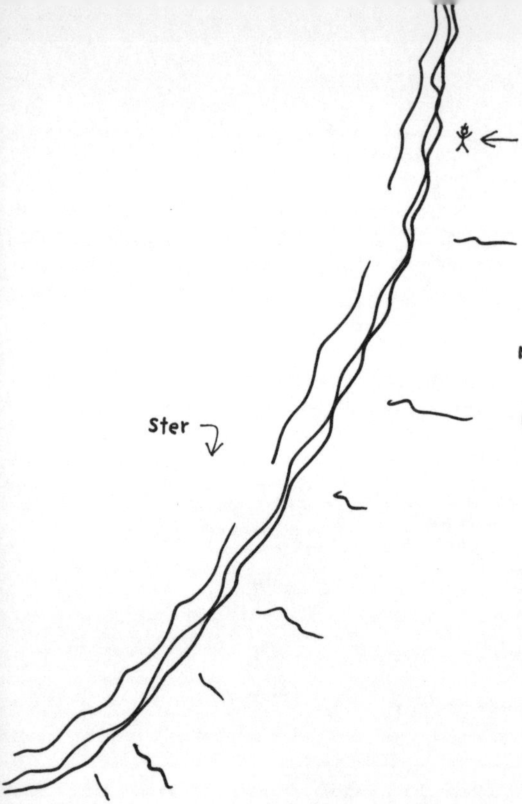

maar vergeleken bij een mier ben je

GROOT.

TENZIJ die mier natuurlijk een

REUZENMIER is.

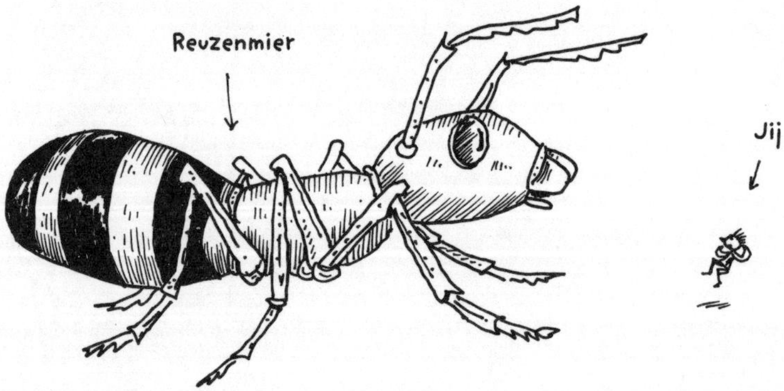

Ware grootte
↙

Beerdiertje ↑ NIET de ware grootte

MAAR zelfs de allerallerkleinste mier is

MEGAGROOT

vergeleken met een microdiertje zoals het beerdiertje.
Dat is maar 0,5 mm lang, zelfs wanneer het helemaal volgroeid is.

Wetenschappers vinden voortdurend kleinere en kleinere levende dingen.

Ze hebben een BACTERIE gevonden die maar vijf duizendste van een millimeter lang is.

Virussen zijn zo klein dat je ze zonder een microscoop niet kunt zien.
↓

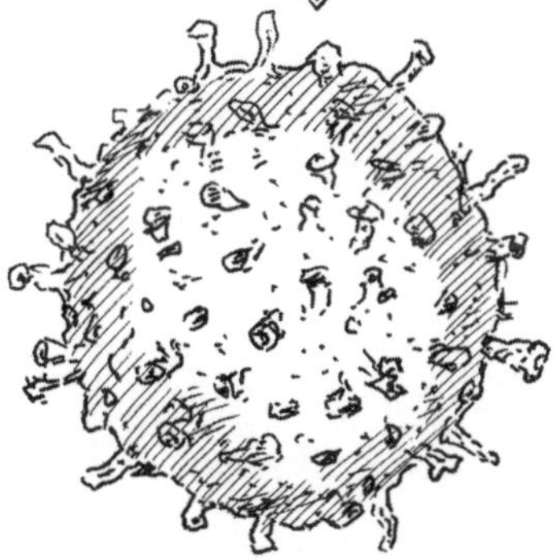

VIRUSSEN, zoals de griep of de mazelen of het coronavirus, zijn nog kleiner.

De meeste wetenschappers beschouwen virussen niet als werkelijk levend. Ze kunnen zelf NIETS doen zonder een GASTHEER. Soms zijn wij dat! De gastheren helpen hen om te groeien en zichzelf te vermenigvuldigen en te verspreiden.

FEITENVAKJE

We kunnen afstanden in de ruimte meten door aan te geven hoeveel LICHTJAREN ver iets van ons af is. Eén lichtjaar is ongeveer 246 biljoen kilometer. Dat is de afstand die licht aflegt in een vacuüm in één aardejaar. Het teken voor een lichtjaar is lj.

REIS NAAR DE STERREN

De mens heeft al heel lang naar de sterren gekeken… maar we zijn pas begonnen met kleine stapjes in de ruimte te zetten.

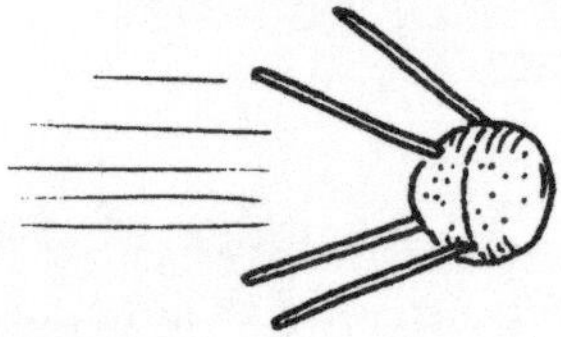

Spoetnik 1
1957

Het eerste ruimteschip werd in 1957 in een baan om de aarde gebracht. Het heette Spoetnik 1.

Spoetnik 2
1957

Later dat jaar kwam met de Spoetnik 2 het eerste dier in een baan om de aarde.
Dat was GEEN kat.
Het was een hond die Laika heette.
Helaas kwam ze niet meer terug.

Hoe we graag TERUGDENKEN aan LAIKA DE RUIMTEHOND (Het echte verhaal is niet zo fijn.)

Joeri Gagarin
1961

De eerste mens die naar de ruimte ging, was Joeri Gagarin. In 1961 vloog hij om de aarde heen… en kwam daarna weer veilig neer.

In 1965 was Alexei Leonov de eerste die een RUIMTEWANDELING maakte.

Alexei Leonov
1965

Zonder zijn beschermende ruimtepak had hij de straling en de extreme ruimtetemperaturen niet kunnen overleven.

De ruimtevaart is GEVAARLIJK.
Op de maan is er een gedenkplek voor de Gevallen Astronaut, voor alle mensen die gestorven zijn in de ruimte.

Maar, geen zorgen, Alexei kwam terug.

Eerste mensen lopen op de maan
1969

In 1969 reisden de eerste mensen naar de maan en liepen over het maanoppervlak.

Zij keerden ook veilig terug!

Er zijn veel dieren naar de ruimte gestuurd, vooral in de jaren 40 en 50 van de vorige eeuw. Maar niet veel van hen overleefden het.

Het eerste zoogdier in de ruimte, een aap die Albert II heette, was er 12 jaar voor Joeri Gagarin.

(Rust in vrede, Albert.)

Albert II in zijn verschrikkelijke ruimteharnas

Als je denkt aan hoe

GROOT

het heelal is,
dan voel je je soms
heel erg klein.

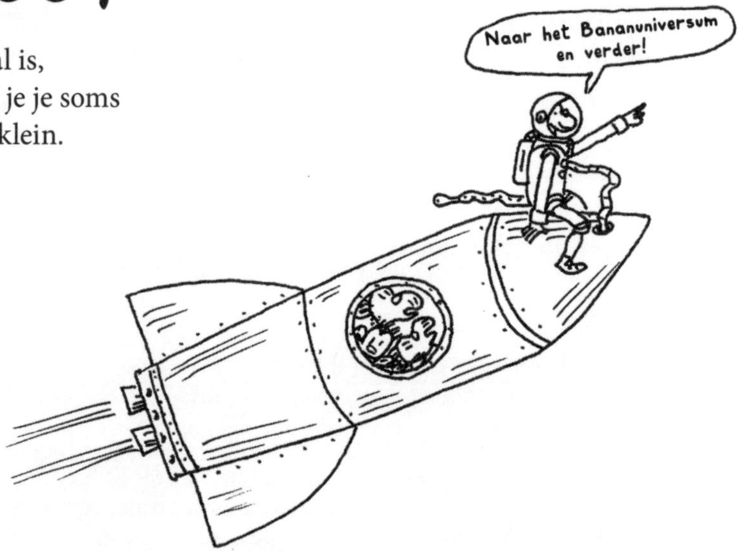

Maar wist je dat je op dit moment in de ruimte kunt wonen? Al bijna 20 jaar wonen en werken astronauten in het INTERNATIONAAL RUIMTESTATION.

Het reist 15,5 keer per dag om de aarde.

De tweelingruimtevaartuigen Voyager 1 en Voyager 2 reizen al sinds 1977 door de ruimte.

Ongeveer zo ziet Voyager eruit.

Inmiddels zijn ze al tot voorbij de uiterste rand van het zonnestelsel gekomen. Ze bevinden zich nu in de interstellaire ruimte buiten onze HELIOSFEER, wat de benaming is voor het gedeelte van de ruimte rondom de zon.

Het dichtstbijzijnde zonnestelsel is ALPHA CENTAURI.
Dat heeft drie sterren.
Maar voorlopig zullen we daar geen bezoekjes kunnen brengen.
Het is meer dan 41 biljoen km ver weg.

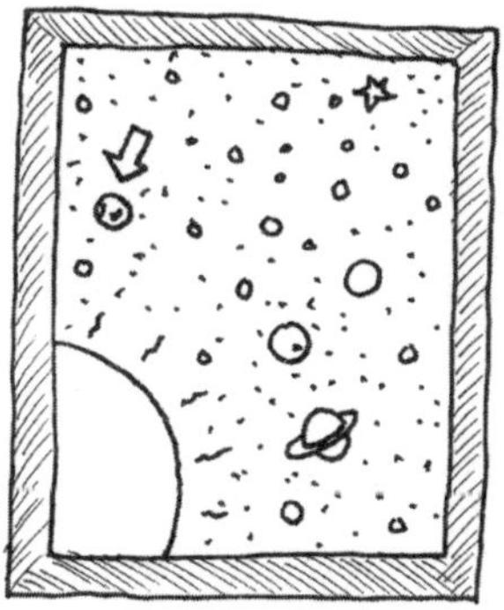

OOST WEST, THUIS BEST

Er zijn geen mensen aan boord van Voyager 1 en Voyager 2, maar de sensoren sturen nog steeds informatie door.

Voyager 1 nam onlangs de allereerste foto van onze heliosfeer van buitenaf.

En dat is

NOGAL WAT!

2

JOUW AARDE

De derde planeet vanaf de zon is die van ons.

OOST WEST, THUIS BEST!

Het is de enige plek in het zonnestelsel, en misschien de enige plek in het heelal, waar wij kunnen overleven.

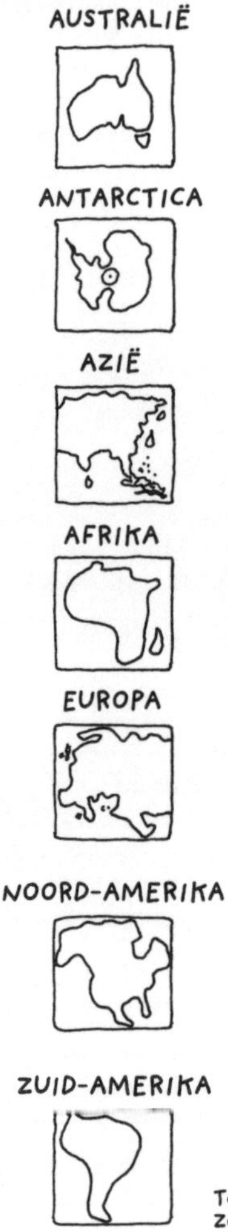

We wonen op continenten en eilanden.
Een CONTINENT kan volledig grenzen aan een ander continent, zoals bij Europa en Azië. Het kan ook een enorm eiland zijn, dat omgeven wordt door water, zoals Australië, of vastzitten aan een ander continent door een kleine strook land, zoals bij de twee Amerika's.

PANGEA

De wereldkaart heeft er niet altijd zo uitgezien. Van ongeveer 335 miljoen jaar tot ongeveer 175 miljoen jaar geleden was er op aarde maar één groot continent, dat PANGEA heette.

Het was niet de eerste keer dat allerlei continenten samenklonterden en weer van elkaar loskwamen. En het zal ook niet de laatste keer zijn.

Het leven ontwikkelde zich in het water van de aarde. Het gebruikte de energie van de zon en ademde de lucht van de aarde in. Al het leven dat we kennen is vooral gemaakt van koolstof-, waterstof-, zuurstof- en stikstofatomen. Leven is geweldig. Maar niet-levende dingen zijn net zo interessant en ingewikkeld.

WAAR IS DE AARDE VAN GEMAAKT?

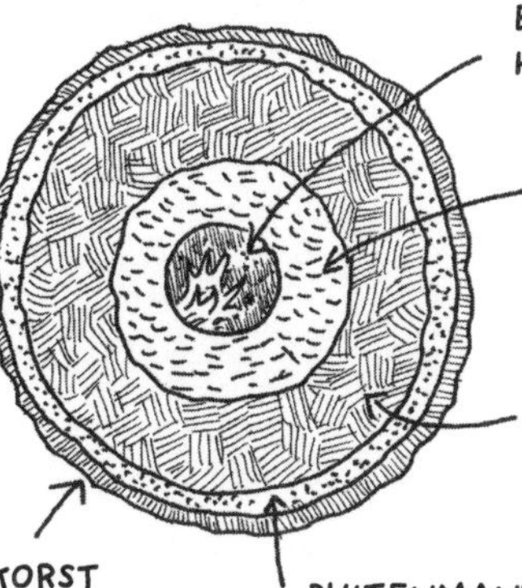

BINNENKERN Een vaste bal van ijzer en nikkel. Hij is bijna 6000 °C heet. Dat is SUPERHEET!

BUITENKERN Een heel hete laag van gesmolten ijzer en nikkel. Die zit ongeveer 3000 km diep... Graaf een HEEL DIEP gat en je kunt marshmallows roosteren.

BINNENMANTEL Een hete en soms vloeibare stenen laag. Nog altijd best een eindje graven.

AARDKORST Een dunne laag van 5 tot 75 km dik. Dit is de grond waarop we lopen, wonen, spelen en bouwen.

BUITENMANTEL Een vaste steenlaag, koeler dan de binnenmantel. Samen zijn die twee mantels zo'n 3000 km dik.

WAAR ZOU DE AARDE VAN GEMAAKT MOETEN ZIJN?

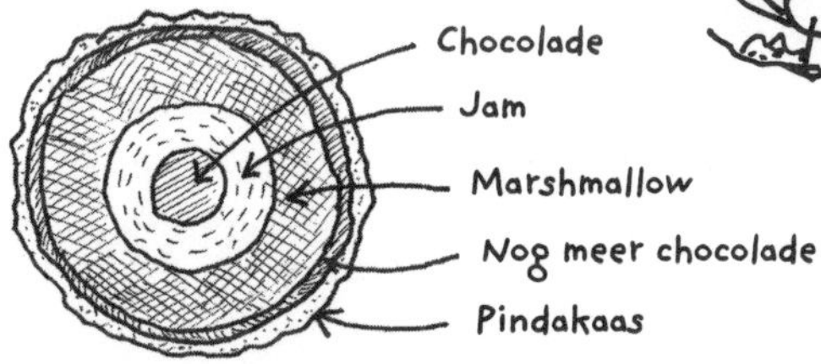

FEITENVAKJE

Wat weegt de aarde? GEWICHT is eigenlijk de hoeveelheid materie waarvan je gemaakt bent (die noemen we je MASSA), vermenigvuldigd met de sterkte van de aardse zwaartekracht. Je massa blijft altijd hetzelfde, maar op de maan zou je MINDER wegen, omdat de maan een zwakkere zwaartekracht heeft. We kunnen de aarde niet eventjes op een enorme weegschaal leggen. Maar als dat wel kon, dan zou zijn gewicht ongeveer 5.900.000.000.000.000.000.000.000 kg zijn.

NATUURLIJK OF EEN NATUURRAMP?

De aardkorst is een enorme puzzel. De stukjes heten TEKTONISCHE PLATEN. Zo kunnen continenten van elkaar losbreken en bewegen. De scheuren tussen de platen heten BREUKLIJNEN.

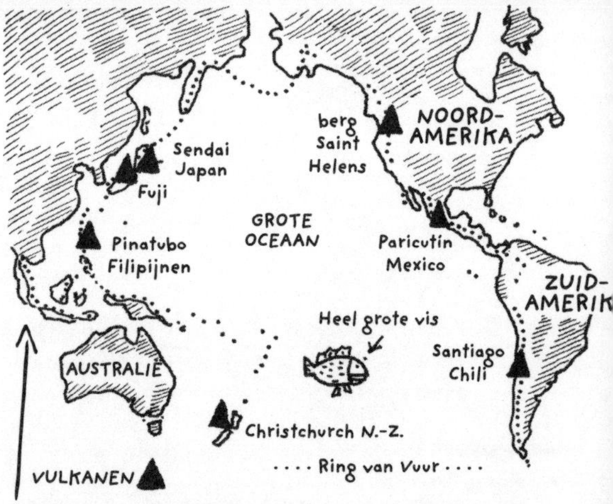

In 1883 barstte de Krakatau in Indonesië uit en vernietigde het grootste gedeelte van het eiland. Zelfs in Australië konden ze de explosies horen. Het was een van de dodelijkste uitbarstingen ooit.

De beroemdste breuklijn is de Ring van Vuur. Meer dan 75% van de actieve vulkanen op aarde liggen op de Ring van Vuur. Dat zijn er 452.

Als platen verschuiven, ontstaan er AARDBEVINGEN op de breuklijnen en VULKANEN barsten uit. De aarde schudt en kan zich openen. Als dat onder water gebeurt, ontstaan er enorme golven. Als die aan land komen, zorgen ze voor vernietiging en overstromingen. Dat is een TSUNAMI!!

Aardbevingen kunnen complete steden verwoesten, wegen vernielen en ongelukken veroorzaken.

Soms worden ze veroorzaakt door kokend steen dat probeert door het aardoppervlak te breken en soms door het verschuiven van tektonische platen.

op een veranderende planeet leven kan gevaarlijk zijn. Maar sommige van de gebeurtenissen die we als natuurrampen beschouwen zijn ook de gebeurtenissen die de wereld om ons hebben gemaakt zoals hij is. Vulkanen en aardbevingen zijn eng, maar ze hebben ook de geweldige bergen, heuvels en dalen van de aarde gemaakt.

Soms duwt een enorme uitstulping van magma de grond omhoog tot het een berg is, die niet uitbarst.

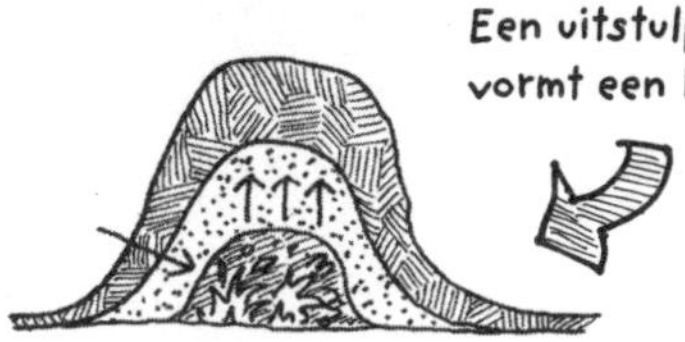

De eilanden van Hawaï zijn de toppen van een gigantische onderwaterbergketen die ontstond toen kokendhete stenen uitgespuugd en opgestapeld werden. Het uitbarsten gaat nog altijd door.

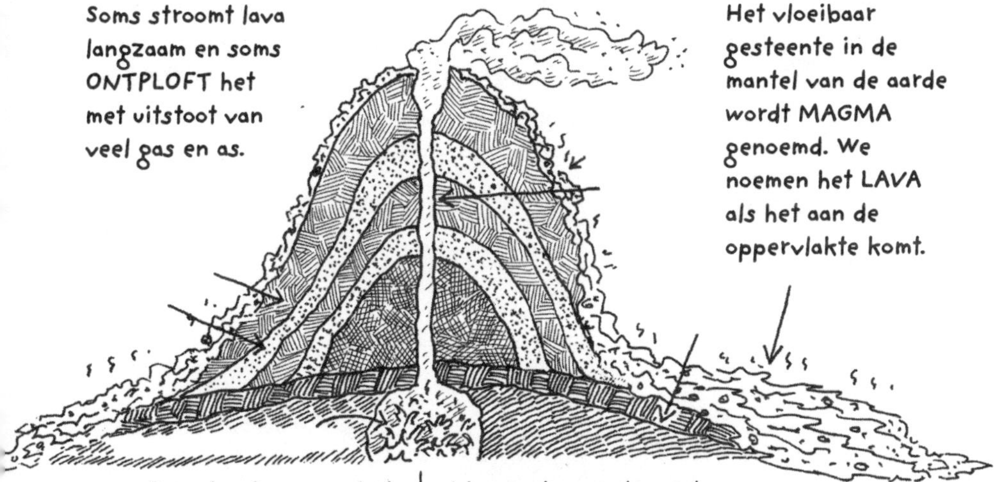

FEITENVAKJE

Van alle natuurrampen zijn AARDBEVINGEN het dodelijkst. Een van de ergste en meest recente was de aardbeving en de tsunami in de Indische Oceaan in 2004. Meer dan 280.000 mensen in 14 landen kwamen om en in Indonesië werden de golven wel 30 meter hoog. Dat is ongeveer net zo hoog als een gebouw van 8 verdiepingen.

STEENGOED!

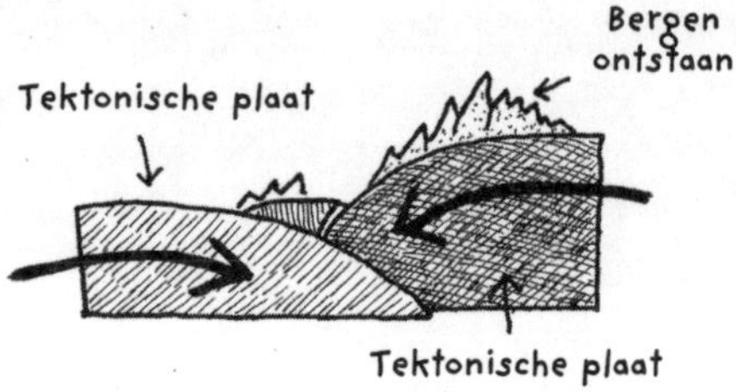

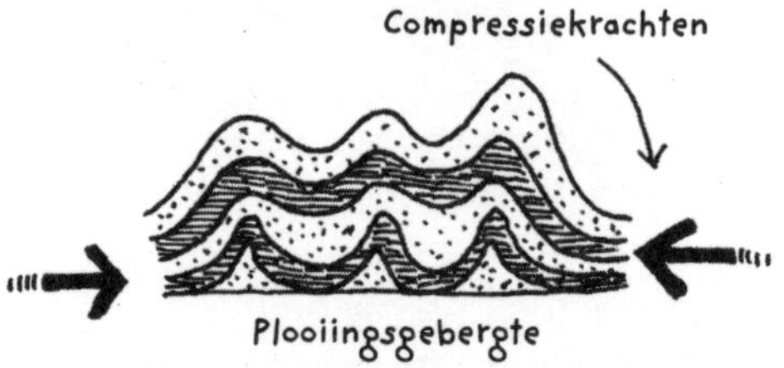

De meeste van onze bergen zijn ontstaan toen tektonische platen op elkaar botsten en de grond omhoog werd gedrukt.

Zoals toen India in slow motion tegen Azië opbotste en de Himalaya ontstond (in de loop van miljoenen jaren). Daardoor ontstond een PLOOIINGSGEBERGTE zoals de Mount Everest.

Bergen kunnen ook ontstaan wanneer breuklijnen uit elkaar worden getrokken, waardoor grote rotspartijen omhoog en naar beneden gedrukt worden. Zo ontstaat een SCHOLLENRELIËF.

Bergen zijn GIGANTISCH, maar zelfs de stenen van de grootste berg kunnen door EROSIE afbreken tot het kleine zandkorreltjes zijn.

FEITENVAKJE

Soms ontstaan bergen als door enorme gletsjers de grond eromheen afgesleten wordt of wanneer de grond afgegraven wordt door een rivier, die zo een dal maakt. Water is heel sterk. Als steen door water, wind, ijs of aardverschuivingen afgebroken wordt tot kleinere stukjes steen, dan noemen we dat EROSIE.

SPRANKELENDE ZANDWEETJES

Stenen en zand zijn gemaakt van moleculen die we MINERALEN noemen. Als zand onder druk samen wordt geperst, kan het weer in steen veranderen, dat noemen we ZANDSTEEN.

Er bestaat ook zand dat GEEN verpulverd steen is. Fijn, wit zand is gemaakt van de uitwerpselen van papegaaivissen! Ze eten algen van de rotsen en koralen af en de deeltjes die ze niet kunnen verteren, scheiden ze uit.

Zand kan allerlei kleuren hebben, zelfs wit, zwart, groen of roze. Zwart zand bestaat uit stukjes vulkanisch gesteente (afgekoelde lava).

Zand ontstaat niet altijd aan de kust. Rivieren vervoeren het naar de zee en de oceaan erodeert het verder. Water kan zelfs grotten maken door de steensoort die KALKSTEEN heet op te lossen of door een tunnel in het ijs te doen ontstaan.

WAT JE MOET WETEN OVER GROTTEN

In grote grotten kunnen wolken ontstaan, waardoor er ondergronds weer is.

Door gigantische zinkgaten komt het licht binnen, en dus kan er een ondergronds bos ontstaan.

STALACTIETEN groeien aan het plafond van een grot als het druipende water mineralen achterlaat.

STALAGMIETEN worden gevormd als water met mineralen erin op de bodem druipt.

De grootste grot ter wereld is de Hang Son Doong-grot in Vietnam.

Die is ZO GROOT dat je er heel wat wolkenkrabbers van 40 verdiepingen in kwijt zou kunnen.

BEWONDERENSWAARDIGE BERGEN

Het hoogste punt boven zeeniveau is de top van de Mount Everest in de Himalaya: 8848 m hoog, en alleen maar rotsen en ijs. De lucht is er te dun om in te ademen. Daar overleeft niets erg lang.

Maar als je meet hoe hoog iets boven zeeniveau is, dan meet je alleen wat je kunt zien. Mauna Kea in Hawaï is 10.210 m hoog, van de voet tot aan de top. Ongeveer de helft ervan ligt onder de Grote Oceaan. Maar technisch gezien wint deze berg dus de 'ik-ben-de-hoogste-prijs'.

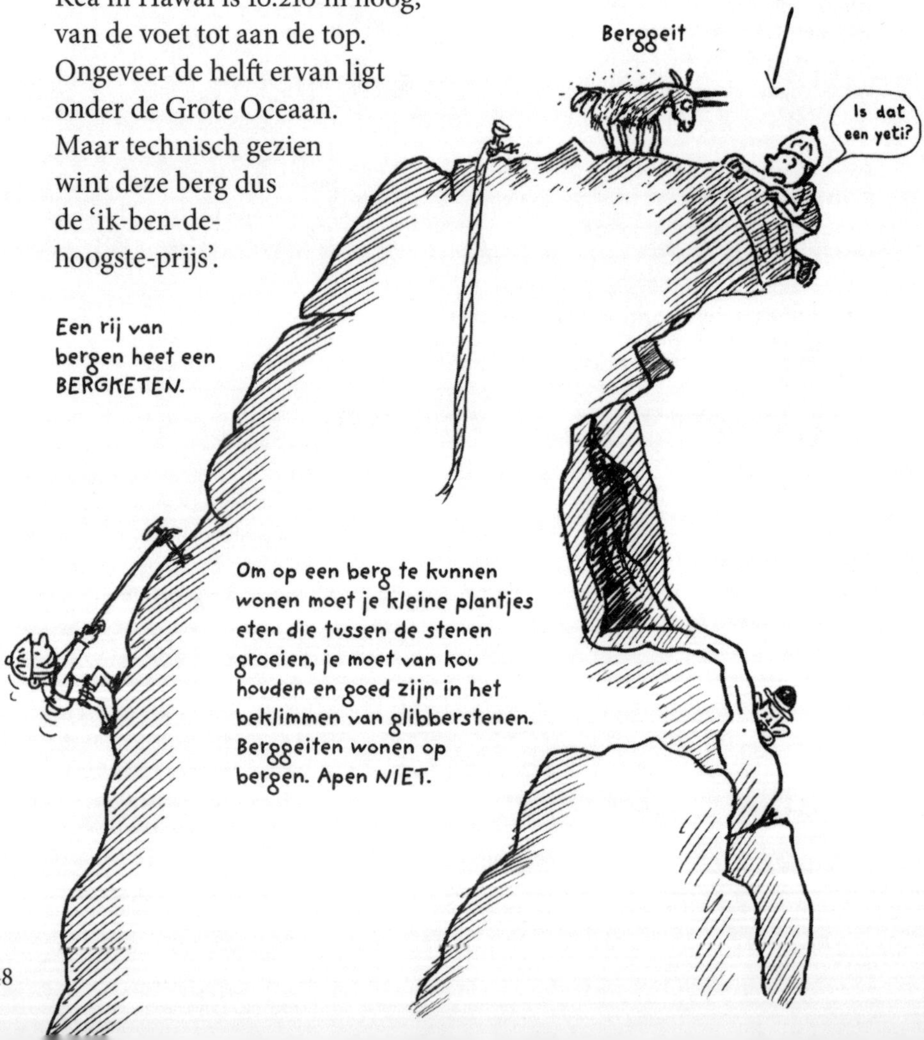

Een LAWINE is een enorme brok sneeuw die losraakt van de berghelling en naar beneden glijdt. Hoe sneller de lawine gaat, hoe meer sneeuw en stenen ze meesleept en hoe krachtiger ze wordt.

De dodelijkste lawine werd veroorzaakt door de Grote Peruaanse Aardbeving van 1970. 20.000 mensen vonden de dood.

Een neushawine is een pianospelende neushoorn die boven op een heuvel in slaap viel en vergat om de handrem erop te zetten.

Een lawine kan je botten doen breken, of hij begraaft je onder ijs, waardoor je sterft van kou of door verstikking.

Een neushawine is nog veel dodelijker, maar gelukkig ook nogal zeldzaam.

FEITENVAKJE

De aarde is niet volmaakt rond. In het midden is hij wat dikker dan tussen de polen. Dat dikke gedeelte staat bekend als de EVENAAR of de EQUATOR. Het verschil is meer dan twee keer de hoogte van de hoogste berg of de diepste trog in een oceaan. Als je van de hoogste bergpiek tot aan het middelpunt van de aarde zou meten, dan verslaat Mount Chimborazo in Ecuador de Mount Everest, omdat die precies op de uitstulping staat. Maar dat is hetzelfde als op een grote steen gaan staan om je eigen lengte op te meten.

WONDERLIJK WATER
Maar een derde van het aardoppervlak bestaat uit land.
Dat wil dus zeggen dat een HEEL HEEL HEEL groot stuk van de aarde bedekt is met water.
Een eiland
Dit zijn ook eilanden. Geen neuzen. Hoe kom je op het IDEE dat het neuzen zouden kunnen zijn? Ga toch weg!

Toen de aarde nog een kokende babyplaneet was, was er geen vloeibaar water. Maar toen alles afkoelde, begon het te regenen… te regenen… en te regenen…

Uiteindelijk vulden de dalen zich met water. Dat werden de oceanen.

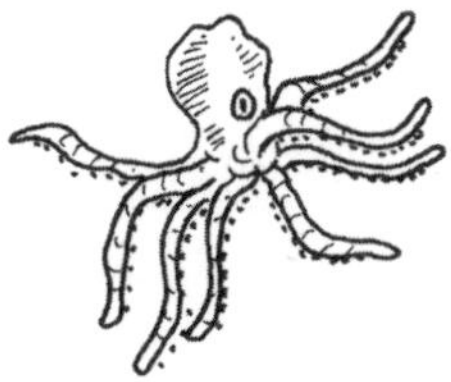

Al het zeewater was zoet, totdat er zout met de rivieren meevloeide. De oceaan is nog altijd minder zout op plekken waar het veel regent, en in droge delen van de wereld zijn er veel meren die nog veel meer zout bevatten dan zeewater.

De Marianentrog in de Grote Oceaan is dieper dan de Mount Everest hoog is. Na ongeveer 1000 m afdalen, is het pikdonker en is de temperatuur van het water bijna op het nulpunt. Maar sommige levensvormen hebben zich zo aangepast dat ze er overleven. Er is een vis met een doorzichtige kop, en eentje met een lampje dat vlak voor zijn kop hangt.

FEITENVAKJE

De oceanen zitten vol met dieren die zich zo ontwikkeld hebben dat ze tegen zout kunnen. Maar in ONS lichaam hebben we zoveel water nodig om zout kwijt te raken dat het drinken van zeewater dodelijk voor ons is. Mensen moeten ongeveer 60% zoet water in zich hebben om te overleven, dus we kunnen niet het risico lopen dat we er te veel van kwijtraken. Sommige landdieren bestaan zelfs voor 90% uit water, wat bijna net zoveel is als planten.

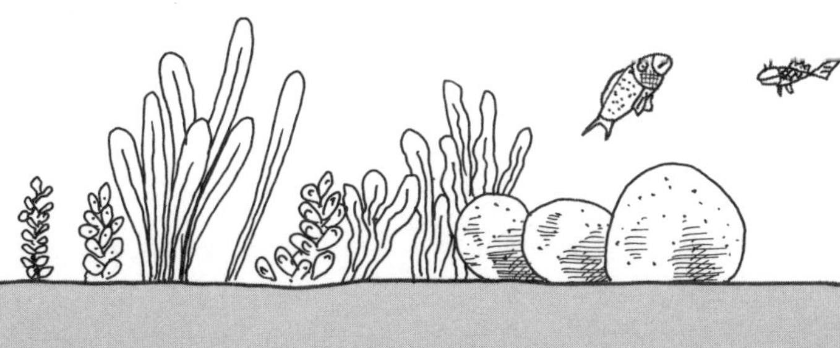

RIVIEREN, MEREN EN ONDERGRONDS WATER

Als je op vloeibaar water stapt, dan bewegen de moleculen zich van elkaar vandaan en ZINK je.

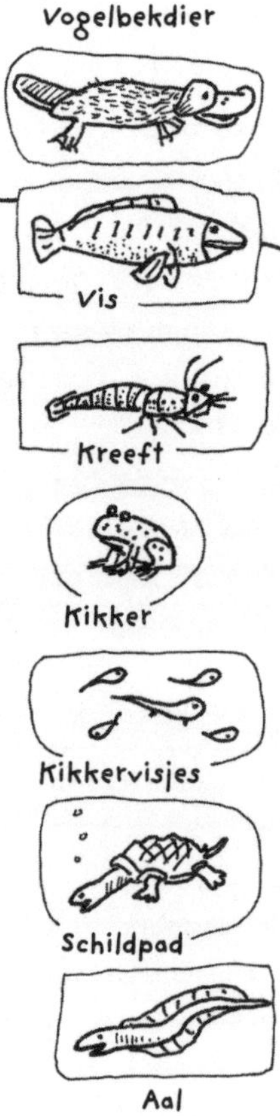

Maar zelfs enorme boten kunnen DRIJVEN als ze minder wegen dan dezelfde hoeveelheid water zou wegen. Onderzeeboten vergroten hun DRIJF-VERMOGEN door hun tanks met lucht te vullen. En ze maken zichzelf zwaarder door ze met water te vullen.

Een RIVIER is gewoon een grote, lange sloot waar water doorheen stroomt. De Nijl (6500 km) en de Amazone (6400 km) zijn de langste rivieren ter wereld. De langste rivier van Europa is de Wolga (3465 km). 90% van het bevroren water van de wereld bevindt zich in Antarctica. Een GLETSJER is een langzaam bewegende rivier van ijs.

Hebben wij even geluk! De aarde heeft heel veel heerlijk water. Waarom maakt iedereen zich dan zoveel zorgen om droogte? Omdat maar ongeveer 2,5% van het water op aarde zoet is. De rest is zout. En van dat zoete water bevindt het meeste zich onder de grond of is het ijs, dus om te overleven hebben we alleen maar de regen, de sneeuw en de dauw.

Vloeistoffen hebben iets wat OPPERVLAKTESPANNING heet. Schaatsenrijders en sommige andere insecten en spinnen kunnen eroverheen lopen.

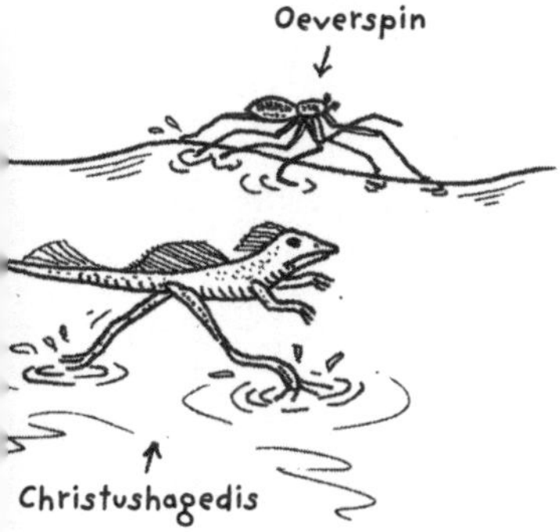

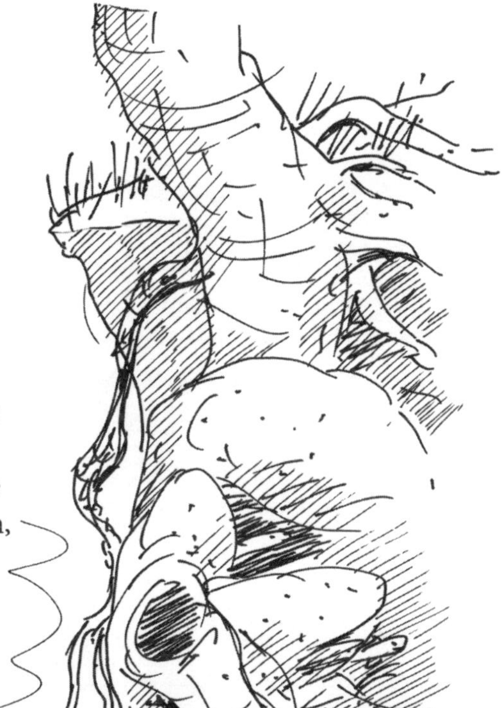

Jezus Christushagedissen rennen zo snel over het water dat hun webachtige voeten luchtzakjes maken, waardoor ze niet in het water zakken.

FEITENVAKJE

GRONDWATER is zoet water dat in de grond is gesijpeld. Het wordt opgeslagen in de ruimtes tussen het zand en de stenen. Soms komt het aan de oppervlakte en vormt dan een bron of een moeras. Daarom vind je soms bomen en water in de woestijn. Dat heet een OASE.

WATER EN DE MAAN

Op de maan vind je geen enkel waterdruppeltje en hij staat 380.000 km bij ons vandaan. Wat heeft dat dan met het water op aarde te maken?

Je hebt waarschijnlijk al weleens gemerkt dat de zee, als je op verschillende tijden naar het strand gaat, verder weg of juist dicht bij het strand is. Dat komt door het GETIJ: eb en vloed.

De zwaartekracht van de aarde zorgt ervoor dat het water (en alles wat er verder nog is) niet de ruimte in drijft.

Maar de maan heeft ook zwaartekracht.

Die kracht trekt voortdurend aan de aarde en aan het water.

Dat veroorzaakt de getijden.

Het is niet bewezen dat de maan het gedrag van dieren kan beïnvloeden. Maar veel mensen geloven toch dat dat zo is.

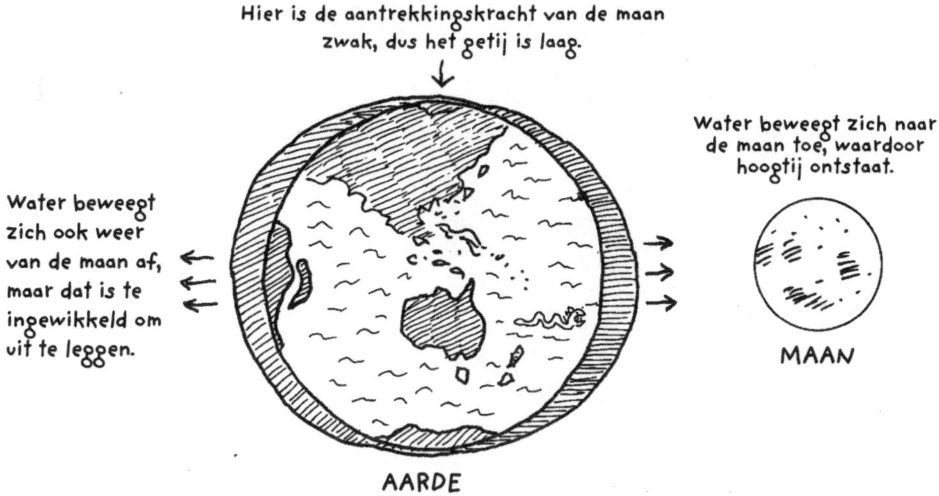

Als de maan vol lijkt, betekent dat dat de aarde tussen de zon en de maan in staat.

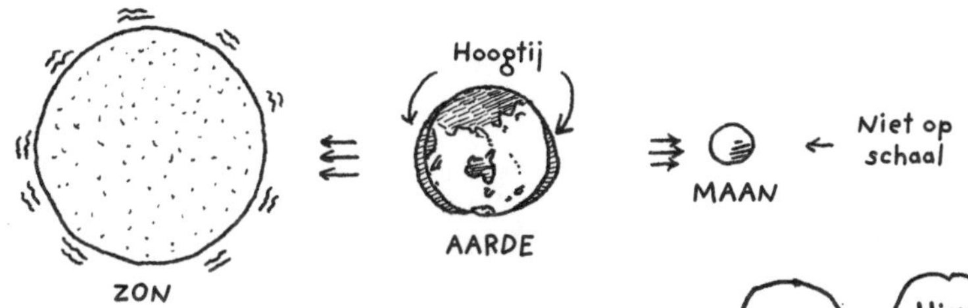

De zwaartekracht van zowel de zon als de maan trekken samen aan het water op aarde.

Dan is er heel hoog tij.

GEBRUIK DE MACHT VAN DE KRACHT

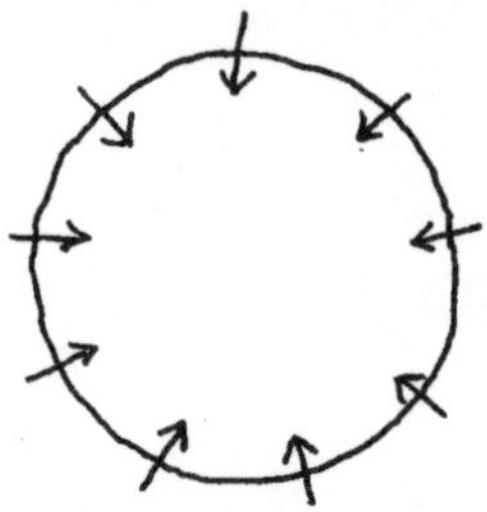

De zwaartekracht van de aarde trekt alles naar binnen, naar het centrum. Als je een paard vanop een hoogte loslaat, dan zorgt de zwaartekracht van de aarde ervoor dat het paard richting de aarde valt. In de ruimte, ver weg van de aarde, zou het paard zweven, omdat er geen zwaartekracht is.

Een man met de naam Isaac Newton kwam naar het schijnt op de ZWAARTEKRACHTTHEORIE toen er iets uit een boom op zijn hoofd viel. Gelukkig was het een appel en geen paard.

Hij was trouwens een briljante wetenschapper, dus misschien zat hij al in die richting te denken. Zijn boek, dat in 1687 verscheen, veranderde de wetenschap voorgoed.

Tussen alles in het heelal zijn er ZWAARTEKRACHTEN aan het werk.

De zwaartekracht geeft alles op aarde zijn gewicht en zorgt ervoor dat dingen vallen.

Enorme dingen als planeten hebben meer aantrekkingskracht dan kleine dingen, maar de zwaartekracht trekt zware dingen NIET sneller naar beneden dan lichte dingen.

Zwaartekracht is niet de enige kracht die optreedt op aarde.

Wat gebeurt er als je een hamer en een veertje laat vallen?
Wat komt het eerste neer?

Op aarde valt de hamer het eerst omdat er, als die twee dingen vallen, luchtmoleculen in de weg zitten. De hamer heeft meer massa, dus die is beter in het wegduwen van de luchtmoleculen.

In de ruimte, waar geen lucht is, zouden de twee voorwerpen zich even snel voortbewegen. De maanwandelaars van de Apollo 15 hebben dat uitgeprobeerd. Je kunt het filmpje online bekijken. Zoek op 'hamer veer maan'.

Alles wat beweegt of afremt of stopt
kan dat alleen maar doen door
DE KRACHT VAN FRICTIE.

Frictie, of wrijving, ontstaat wanneer twee oppervlakken tegen elkaar aan wrijven.

Uit wrijving tussen twee oppervlakken kan zelfs brand ontstaan.
Daarom kan er een vonk ontstaan als je twee stokjes tegen elkaar aan wrijft.

Gladde dingen creëren minder frictie dan ruwe dingen.

De luchtweerstand die de veer langzamer doet vallen dan de hamer is een voorbeeld van frictie.

Nog een kracht waarvan we afhankelijk zijn is de MAGNETISCHE KRACHT. Elke magneet heeft een zuidpool en noordpool.

Zuidpolen stoten elkaar af.

Noordpolen stoten elkaar af.

Noord- en zuidpolen trekken elkaar aan.

Magnetisme en elektriciteit zijn nauw aan elkaar verwant. Ze worden allebei veroorzaakt door het bewegen van elektronen. Weet je nog wel: elektronen, die deeltjes die cirkelen rond atomen?

Magneten hebben de kracht om sommige metalen aan te trekken. En de magneten die wij gebruiken, zijn GEMAAKT van metaal.

Maar de grootste magneet van onze wereld is de planeet zelf. Ja, echt! De aarde is een REUZENMAGNEET. Daarom hebben we een noordpool en een zuidpool.

ONGELOOFLIJK!

De aarde is GEEN heel KRACHTIGE magneet.

Maar ons magnetisch veld beschermt ons tegen de ZONNEWIND. Dat zijn deeltjes van de zon die onze dampkring zouden kunnen vernietigen.

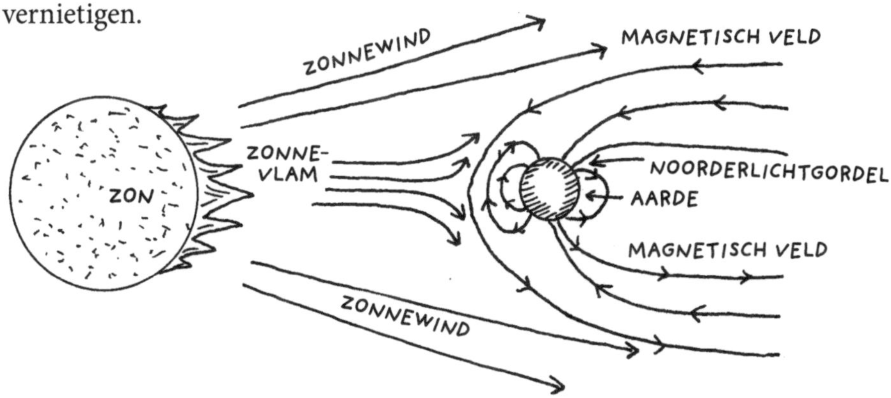

De zonnewind veroorzaakt prachtig gekleurde lichten in de lucht boven de polen. Een zonnestorm kan er zelfs voor zorgen dat bepaalde technische apparaten storing krijgen en kan ook stroomuitval veroorzaken.

Dat klinkt verzonnen, maar het is gewoon WETENSCHAP.

Onze DAMPKRING houdt de lucht op de aarde, zorgt ervoor dat we niet verbranden door de straling van de zon of geraakt worden door een meteoor. We mogen blij zijn dat de dampkring door de zwaartekracht niet de ruimte in zweeft en dat hij veilig blijft door het magnetische veld van de aarde. De lucht die we inademen bestaat voor het grootste deel uit 78% stikstofgas N_2 en 20% zuurstofgas O_2. Dat zuurstofdeel hebben we nodig, want het houdt ons in leven.

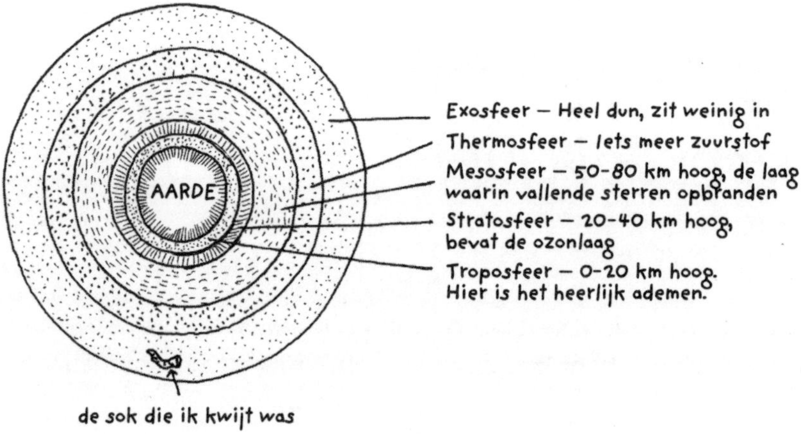

De moleculen in de dampkring wiebelen een beetje, daardoor twinkelen de sterren. Ze breken ook het zonlicht in verschillende kleuren.

Het licht bevat alle kleuren die we kunnen zien.
De luchtmoleculen verspreiden de blauwe stukjes licht makkelijker dan andere kleuren. Daarom zien we de hemel overdag normaal gesproken als blauw.

Maar als de zon net boven de horizon staat, moet het licht door veel meer dampkring heen om jouw ogen te bereiken. Dan is al het blauw al verspreid, dus dan krijg je de kans om het prachtige rood, oranje en roze te zien. Dat is de zonsondergang en de zonsopgang.

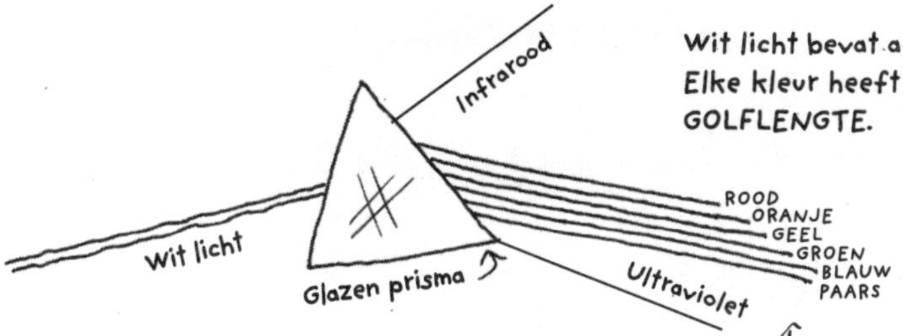

Wit licht bevat alle kleuren. Elke kleur heeft een andere GOLFLENGTE.

Als je je zo snel kon voortbewegen als het licht, dan kon je 7,5 keer per seconde om de aarde heen reizen.

Door een glazen prisma wordt het licht zo gebroken dat we alle kleuren kunnen zien. Gassen, vloeistoffen en vaste stoffen breken de golflengtes allemaal op een andere manier, of ze nemen er een paar in zich op. Daarom hebben de dingen dus verschillende kleuren.

Als zonlicht in onze dampkring door waterdruppeltjes heen valt, dan zien we de kleuren als een REGENBOOG.
Maar het licht dat we kunnen waarnemen is maar een klein gedeelte van het ELEKTROMAGNETISCH SPECTRUM.

Vlak voor de rode kant van het spectrum zijn er langere golflengtes die we niet kunnen zien, en die INFRARODE straling worden genoemd. Die maakt het zonlicht warm.

Na de paarse kant van het spectrum is er onzichtbaar ULTRAVIOLET (UV) licht. Dat zorgt ervoor dat het zonlicht ons VERBRANDT.

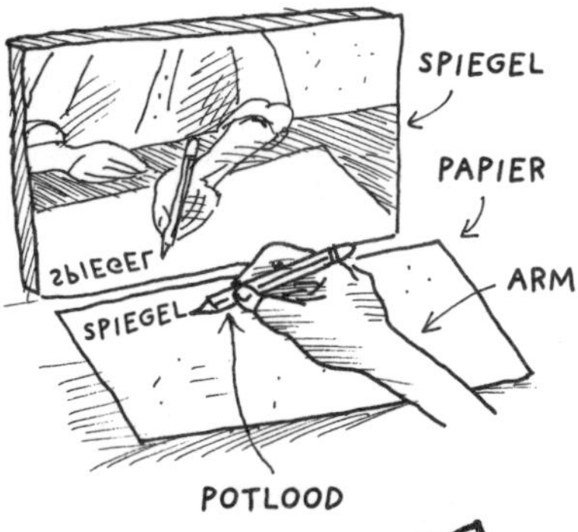

Hier wordt gespiegeld.

FEITENVAKJE

Je kunt dit boek alleen maar zien omdat er licht op botst en daarna terugkaatst, je ogen in. SCHADUWEN zijn niets anders dan plekken waar het licht tegengehouden is. Daarom heeft jouw schaduw dezelfde vorm als jijzelf. En iets wordt WEERSPIEGELD als het licht terugspringt van een glimmend oppervlak, zoals van een spiegel of van water.

LUCHTVERVUILING

Als schadelijke gassen in de lucht die we inademen worden gepompt, dan is dat slecht voor onze gezondheid. Maar sommige luchtvervuiling is slecht voor de HELE PLANEET.

Sommige gassen, die BROEIKASGASSEN worden genoemd, houden de hitte van het zonlicht in onze dampkring. Dat doet de temperatuur stijgen, waardoor er KLIMAATVERANDERING komt.

Door klimaatverandering worden sommige gebieden onbewoonbaar voor dieren en planten. Gletsjers smelten ervan en het zeeniveau stijgt. Dat veroorzaakt verwoestende droogte, stormen, branden en overstromingen.

Koolstofdioxide (CO_2) is een broeikasgas, het wordt op veel verschillende manieren aangemaakt. Maar door dingen te verbranden die FOSSIELE BRANDSTOFFEN heten, ontstaan er ENORME hoeveelheden. En de mens blijft bossen vernietigen die koolstofdioxide in zuurstof(gas) omzetten.

Wat heeft dat te maken met scheetjes laten? Boeren houden HEEL VEEL koeien, en door hun scheten en boeren produceren ze HEEL VEEL van een ander krachtig broeikasgas.

METHAAN! Een sluipmoordenaar…

De chemische reactie waarmee brandstof opgebruikt wordt, heet ook VERBRANDING.
Om die te beginnen moet de brandstof verwarmd worden tot de ontbrandingstemperatuur. Brandstof reageert met zuurstofgas. Bij die reactie ontstaan waterdamp, koolstofdioxide en minerale as. Er komt energie bij vrij, dat kan warmte zijn, licht, maar ook chemische energie die organismen gebruiken om bijvoorbeeld te bewegen.

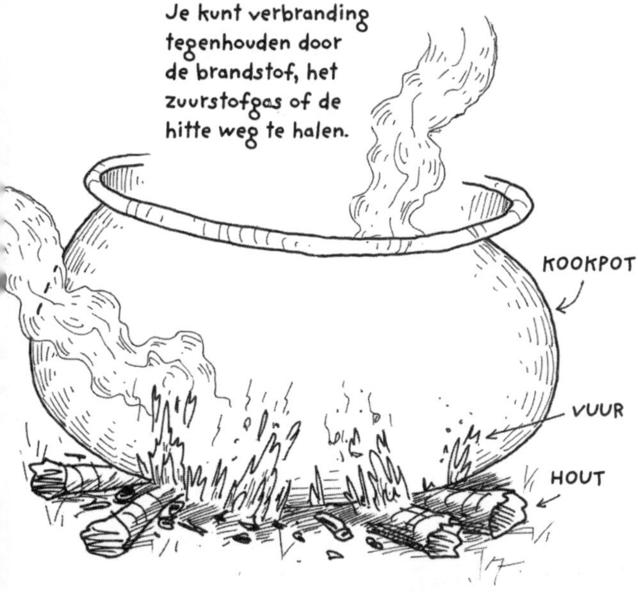

Verschillende soorten brandstof doen verschillende gassen vrijkomen, en ze branden met verschillende kleuren VLAMMEN die weer verschillende temperaturen hebben.

Op een olievuur moet je geen water gooien, want het vuur is heter dan het kookpunt van het water. Het water wordt stoom en verspreidt de kokende olie naar alle kanten.

FEITENVAKJE

OZON bestaat uit drie zuurstofatomen. De ozonlaag beschermt ons tegen de gevaarlijke ultraviolette B-straling van de zon. In de jaren 70 van de vorige eeuw ontdekten wetenschappers dat sommige chemische stoffen die door mensen zijn gemaakt de ozonlaag kapotmaakten. Het goede nieuws is dat mensen over de hele wereld daarnaar luisterden en de chemische stoffen verboden. En de ozonlaag herstelt zich.

Planten doen overdag aan FOTOSYNTHESE.
Ze gebruiken de energie van het zonlicht om water en koolstofdioxide om te zetten in energierijke koolstofverbindingen zoals bouwstoffen om te groeien of glucose (suiker) om energie uit te halen. Bij dat proces komt ook zuurstofgas vrij.
Die energie gebruiken ze om te groeien.

Dat doen niet alleen de bomen en planten die op het land groeien.
Miljoenen piepkleine plantjes die in de oceaan leven, maken samen ENORME hoeveelheden heerlijke zuurstof aan.

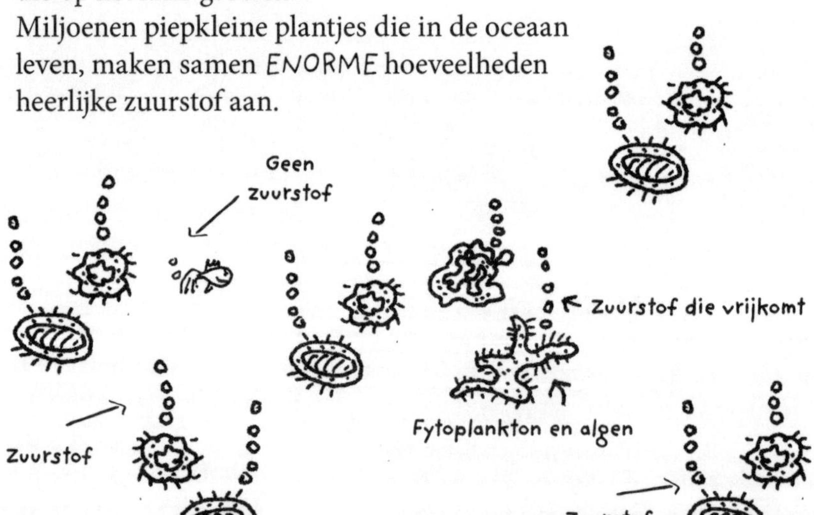

DE KOOLSTOF-KRINGLOOP

Alles wat leeft ademt.
Zelfs planten nemen 's nachts door piepkleine gaatjes zuurstof tot zich. Alles wat leeft heeft zuurstof nodig om energie te maken door een proces dat we ADEMHALING noemen.

Als dieren en planten zuurstof gebruiken om energie in hun lichaam aan te maken, dan produceren ze daarbij koolstofdioxide.

Dieren ademen dat uit en een plant ademt het in.

Ook als iets sterft en vergaat, of als iets opbrandt, wordt zuurstof verbruikt en koolstofdioxide aangemaakt. Dat is de KOOLSTOFKRINGLOOP.

FEITENVAKJE

Door de kieuwen van vissen stroomt water waar opgelost zuurstofgas in zit. Na filtering door de kieuwen, komt het zuurstofgas in hun bloed terecht. Het water zonder zuurstofgas stroomt dan weer uit de vis. Water bestaat uit twee waterstofatomen en één zuurstofatoom: H_2O. Sommige vissen, zoals de slijkspringer, kunnen ook lucht inademen en buiten het water overleven. Kikkers hebben kieuwen zolang ze kikkervisjes zijn, en longen als ze een kikker worden.

DE WATERKRINGLOOP

Zo ziet een watermolecule eruit.

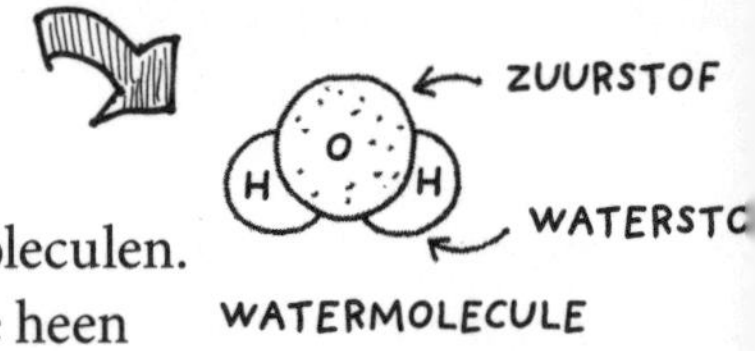

Een watermolecule is heel klein: één water-druppeltje bestaat uit MILJARDEN watermoleculen. En die moleculen bewegen zich om de aarde heen in verschillende gedaantes.

ZO WERKT DAT:

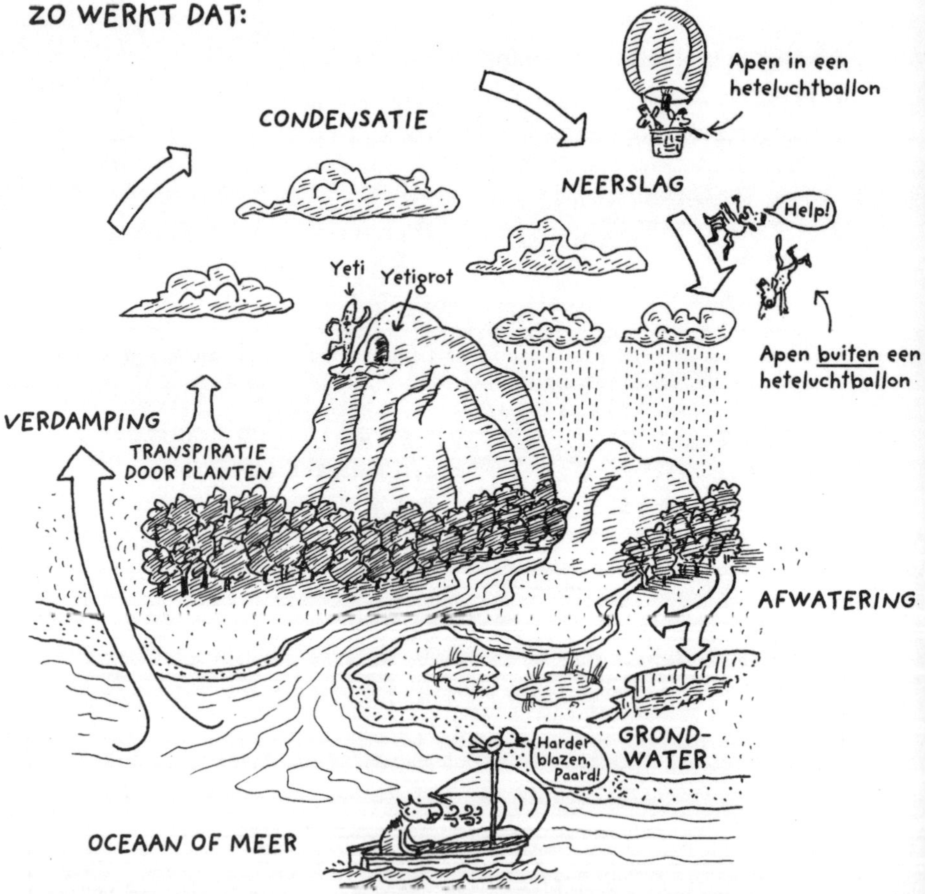

Water is heel bijzonder. Op aarde is het soms vast (ijs), soms vloeibaar en soms gasvormig. Ook alle andere moleculen kunnen zo van gedaante veranderen, maar meestal is er een verandering nodig zoals bijvoorbeeld een hoge temperatuur of verandering van druk, en die twee dingen zouden mensen niet kunnen overleven.

Wat zijn wolken? De lucht om ons heen bestaat uit kleine hoeveelheden WATERDAMP.

Als waterdamp afkoelt en kleine druppeltjes vormt en piepkleine ijskristallen, dan zie jij een wolk.

Dus de watermoleculen die jij vandaag drinkt zijn precies dezelfde watermoleculen die de dinosaurussen dronken.

P-TERRY-DACTYLUS

FEITENVAKJE

Om de toestand van water te veranderen moet je warmte-energie toevoegen of weghalen. Als je bevroren water verwarmt, bewegen de watermoleculen sneller. Ze komen losser te zitten en het water wordt vloeibaar. Als je water kookt, kunnen de moleculen zich helemaal niet meer aan elkaar vasthouden! Als je warmte weghaalt, bewegen ze weer langzamer en houden ze elkaar stevig vast, en worden ijs.

WILD WEER

TORNADO'S en CYCLONEN (ook wel wervelstormen en orkanen genoemd) zijn stormen die met ongelooflijke snelheid in het rond draaien. Tornado's vormen zich tijdens onweer op het land, maar orkanen zijn GIGANTISCH en die ontstaan op warme plekken boven het water.

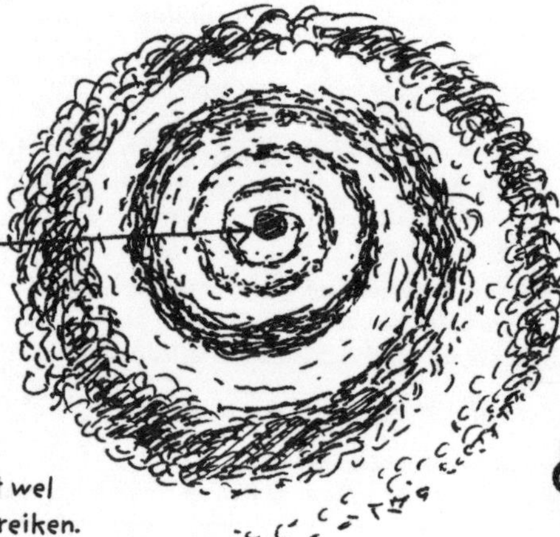

Orkaan Tracy was de op een na kleinste orkaan ooit gemeten. Er kwamen wel nog altijd 71 mensen bij om, en hij vernietigde de stad Darwin in Australië op 25 december 1974.

In 1970 stierven er door orkaan Bhola ongeveer 500.000 mensen in Bangladesh. Dat was een van de allerdodelijkste natuurrampen ooit. Orkanen kunnen een STORMVLOED van wel 10 m hoog veroorzaken. Ze kunnen hele eilanden wegvagen. Overstromingen veroorzaken vervolgens verwoesting, aardverschuivingen en ziektes.

Een beetje regen en een koel briesje, dat vinden we fijn – maar hagel en sterke wind en te veel regen kunnen verwoestingen en overstromingen veroorzaken. Te weinig regen betekent droogte en onbeheersbare bosbranden.

BOSBRANDEN zijn onbeheersbaar grote branden.
Ze bewegen zich zelfs NOG SNELLER voort als ze heuvelopwaarts branden. Ze kunnen veroorzaakt worden door bliksem, maar ze kunnen ook hun eigen bliksem MAKEN.

Als de wind draait, kan dat ook de richting van de bosbrand veranderen. En bij harde wind wordt er meer zuurstof in de brand geduwd, waardoor het nog verder oplaait.

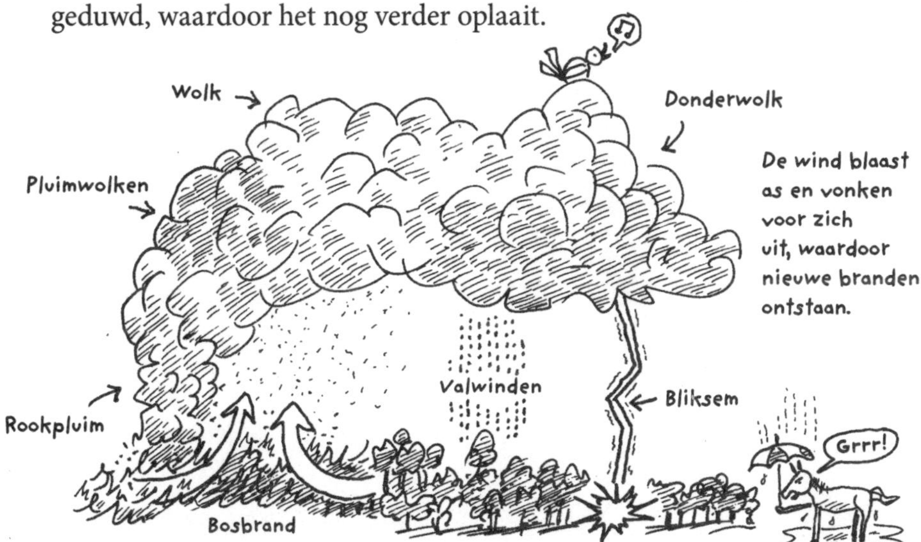

De wind blaast het vuur vooruit over de grond.
Hoe droger de brandstof is, hoe sneller hij brandt.

FEITENVAKJE

De wolken die zich vanwege de superhete en superdroge lucht boven een grote bosbrand vormen, heten PYROCUMULONIMBUS-wolken. Soms veroorzaken ze regen (dat is goed nieuws), hoewel die regen meestal niet op de brand valt. Vaker veroorzaken ze razende winden, droge bliksems en vuurtornado's (HEEL slecht nieuws).

ELEKTRISCHE ENERGIE IS OVERAL

Elektriciteit bevindt zich in de lucht als bliksem en drijft ons lichaam aan.

Herinner je je nog dat ALLES uit atomen bestaat?

ELEKTRICITEIT is het bewegen van elektronen tussen de atomen. Je kunt elektronen simpel laten bewegen door twee dingen tegen elkaar aan te wrijven.

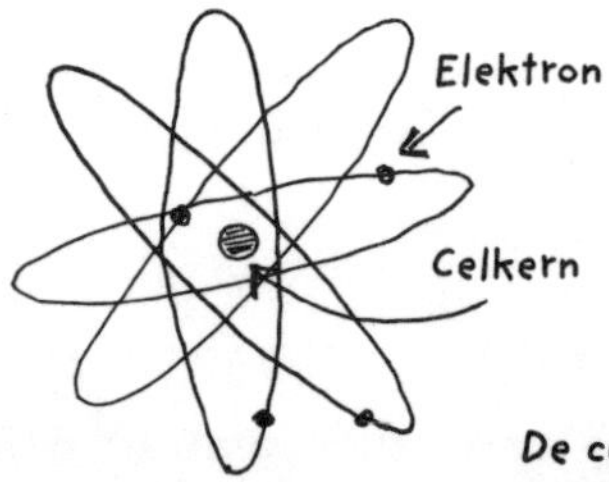

Maar atomen hebben graag een gelijk aantal elektronen en protonen.

Als iets te veel elektronen bevat, springen die elektronen weg met een VONK en een FLITS zodra iets anders wordt aangeraakt.

Als je je SCHOENEN (alsjeblieft niet je billen!) over het tapijt laat glijden, dan ontstaat er een kleine lading doordat je wat elektronen doet bewegen – zo kun je een vriend een SCHOK geven.

Dat is STATISCHE ELEKTRICITEIT.

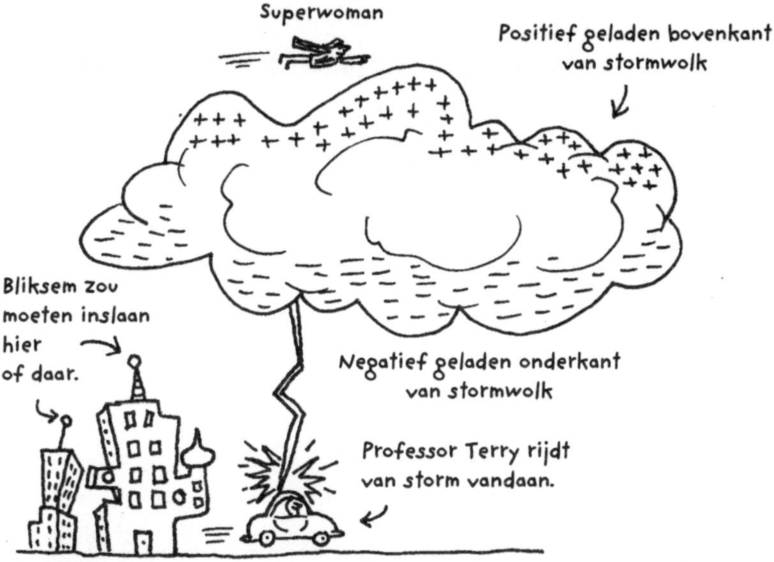

De bliksem slaat in op de auto en niet op de gebouwen omdat Terry irritant is... heel irritant.

BLIKSEM is een vorm van statische elektriciteit. Als in een donderwolk ijskristallen en heel veel stof tegen elkaar aan wrijven, stapelen elektronen zich op. Ze moeten ergens ontsnappen.

Ze bewegen door de lucht in een enorme vonk. De lucht wordt opgewarmd. DONDER is het geluid van de lucht die met een enorme KNAL ontploft.

Je hoort de donder NADAT je de bliksem ziet omdat licht zich sneller voortbeweegt dan geluid.

Onze lichamen maken heel veel kleine elektrische signalen aan die we ZENUWIMPULSEN noemen.
Daarom kan een elektrische schok je dood betekenen, hij verstoort die signalen en zorgt ervoor dat je hart ophoudt met kloppen.

En NU geven je cellen een mini-elektrische lading vanuit je hersenen door die zegt: 'HOU OP MET NEUSPEUTEREN EN SLA DE BLADZIJDE OM!'

Het WEER verandert met de SEIZOENEN, maar niet overal op dezelfde manier, en niet alle culturen hebben er maar vier. Veel inheemse gemeenschappen in Australië delen het jaar op in zes seizoenen. Stel je voor dat je daar woont, aan de andere kant van de wereld! Daar vallen de seizoenen op een ander moment in het jaar.

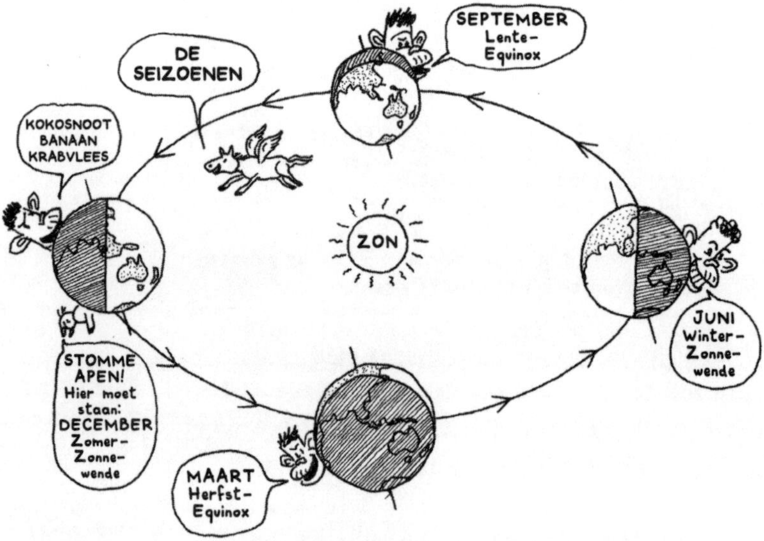

Omdat de aarde een klein beetje scheef werd geslagen toen hij een babyplaneet was, staat hij net niet helemaal recht. Maar de noordpool wijst altijd naar dezelfde kant.

De hoeveelheid zonlicht die op jouw huis valt, is elke dag een beetje anders.

Zonsopgang en zonsondergang zijn ook op verschillende tijden.

In de zomer zijn de dagen langer en in de winter zijn ze korter.

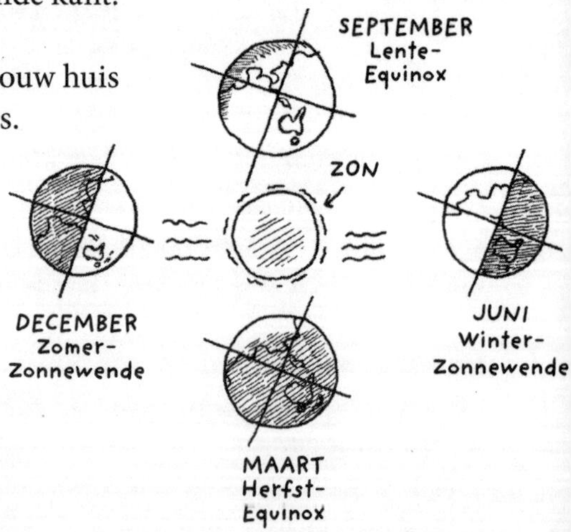

OP EN ONDER

De zon gaat niet echt OP en ONDER. Dat lijkt alleen maar zo voor ons. We hebben het gevoel dat we stilstaan, maar de aarde draait altijd om zijn AS. Dat is de lijn die je kunt trekken tussen de twee polen.

Het wordt donker in de nacht omdat jouw deel van de aarde niet naar de warmte en het licht van de zon toe is gedraaid.

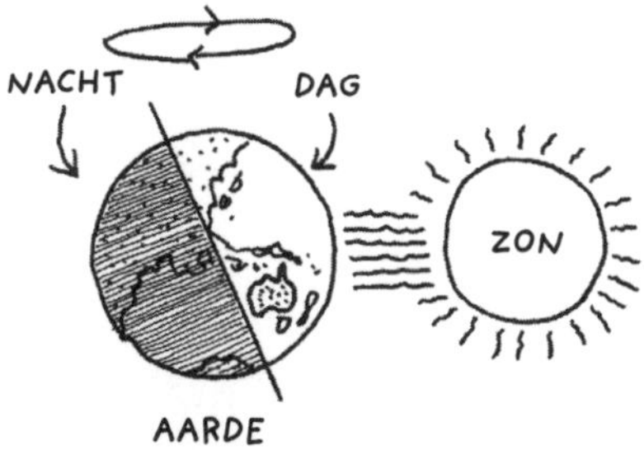

Als je op een van de polen zou wonen, dan zou je 's zomers MAANDENLANG zon hebben en 's winters MAANDENLANG duisternis.

De hoek waaronder de aarde draait en de baan van de aarde veranderen gedurende duizenden jaren een heel klein beetje. Daarom kennen we IJSTIJDEN. Tijdens de laatste ijstijd was ongeveer een kwart van het land op aarde ijs. De continenten lagen op dezelfde plek als tegenwoordig, maar de zeespiegel lag veel hoger. Waar nu een oceaan is, kon je toen lopen en wonen.

Die ijstijd eindigde ongeveer 12.000 jaar geleden.
De zeespiegel steeg met ongeveer 120 m en heel grote dieren, zoals de wolharige mammoet en de sabeltandtijger, stierven uit.

Als levende en niet-levende dingen zich samen in één omgeving bevinden, dan is dat een ECOSYSTEEM.
De natuurlijke omgeving van iets wat leeft, is zijn HABITAT.

De natuurlijke omgevingen van de aarde zijn niet overal hetzelfde. Over de hele wereld bestaan groepen van soortgelijke ecosystemen. Die worden BIOMEN genoemd.

Er zijn LANDBIOMEN en WATERBIOMEN.

Levende dingen kunnen zich aanpassen aan hun omgeving.

En sommige dieren passen de omgeving aan!

Alles draait om langer leven, beter eten, niet opgegeten worden en meer baby's krijgen.

Papier, plastic, bubbelplastic, karton, glas, styreen

De mens is daar HEEL GOED in geworden. Er zijn ongeveer 7,8 miljard mensen op aarde. Maar je ziet ons tegenwoordig nauwelijks nog in het wild.

Onze planeet zorgt (meestal) goed voor ons. Vind jij dat WIJ (meestal) goed voor onze planeet zorgen?

3

HET LEVEN VOOR JOU

HET LEVEN MOEST ERGENS BEGINNEN...

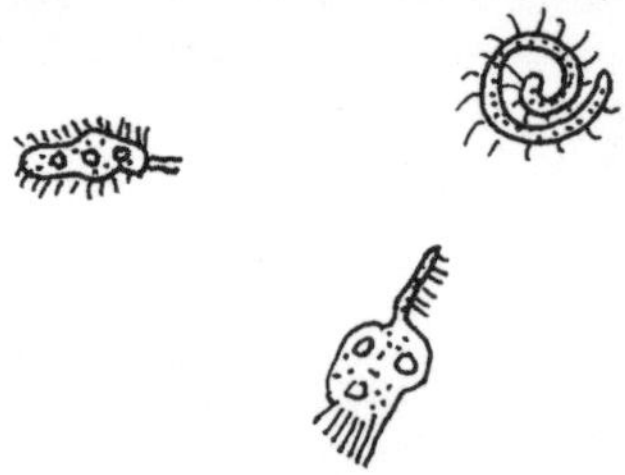

Toen het leven op aarde begon, was het heel anders dan wij nu zijn. De eerste levensvormen leken wel op ALIENS.

We weten niet hoe of wanneer het eerste leven op aarde precies ontstond, maar het begon waarschijnlijk in het water.

Misschien ontstond het rondom kokendhete vulkanische pijpen.

Het leven was eerst niet groter dan één cel, en het was dus heel, HEEL klein.

Maar het was nog altijd ONGELOOFLIJK FANTASTISCH.

4,5 miljard jaar geleden, toen de aarde nog maar een babywereld was, was het HEET. Waarschijnlijk bestond de lucht zelfs een tijdlang uit verdampt steen. Dat is HETER DAN HEET. Maar toen de aarde begon af te koelen en de oceanen ontstonden, werd het pas echt interessant...

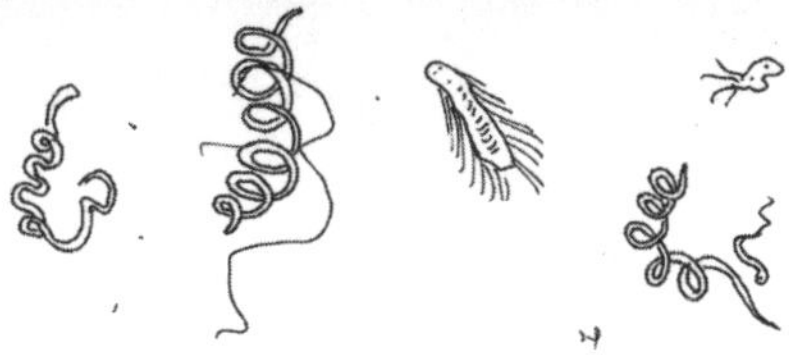

Het eerste bewijs van leven werd gevonden in FOSSIELEN van 3,5 miljard jaar oud.

Bij fossielen denk je aan botten, schelpen of misschien stukjes hout, die gedurende miljoenen jaren in steen zijn veranderd.
Je denkt misschien ook aan bewaard gebleven stukjes plant of dier, of een afdruk in modder of klei die versteend is.
Maar 3,5 miljard jaar geleden bestond dat allemaal nog niet.

De vroegste fossielen zijn gevonden in Australië. Het zijn stenen waarin ooit een bacterie leefde, en ze heten STROMATOLIETEN.

Stromatolieten zien er lang niet zo spannend uit als deze hier.

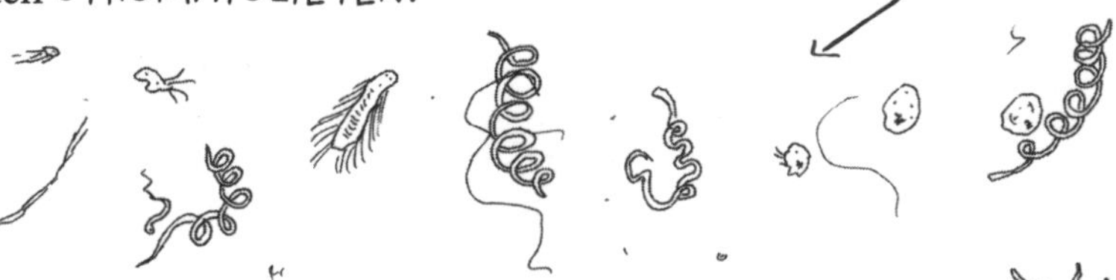

De organismen in stromatolieten kunnen fotosynthetiseren, net als een plant. Tegenwoordig zijn ze heel zeldzaam, maar ooit vond je ze OVERAL, en ze waren HEEL belangrijk...

FEITENVAKJE

Als we het over LEVEN hebben, dan bedoelen we meestal bacteriën, planten en dieren. Een steen leeft niet, maar levende dingen als stromatolieten kunnen hoopjes maken die op stenen LIJKEN. Niet alle wetenschappers zijn het altijd eens over wat we 'leven' noemen, maar meestal zeggen we dat iets leeft als het zichzelf kan voortplanten, als het kan groeien, reageren op prikkels en energie gebruiken. En dat betekent dat het uit één of meer cellen bestaat. Levende dingen noemen we ORGANISMEN.

Gedurende een HEEL, HEEL LANGE tijd werd er in de stromatolieten energie geproduceerd door fotosynthese. Ze gebruikten HEEL VEEL koolstofdioxide en produceerden HEEL VEEL zuurstofgas.

Ze maakten zoveel zuurstof dat ander leven zich kon ontwikkelen. Maar met minder koolstofdioxide in de lucht werd alles ZELFS NOG kouder.

Het werd te koud voor de stromatolieten en de lucht bevatte na een tijd te weinig koolstofdioxide. Stromatolieten deden het zo goed dat ze bijna hun eigen uitsterven veroorzaakten.

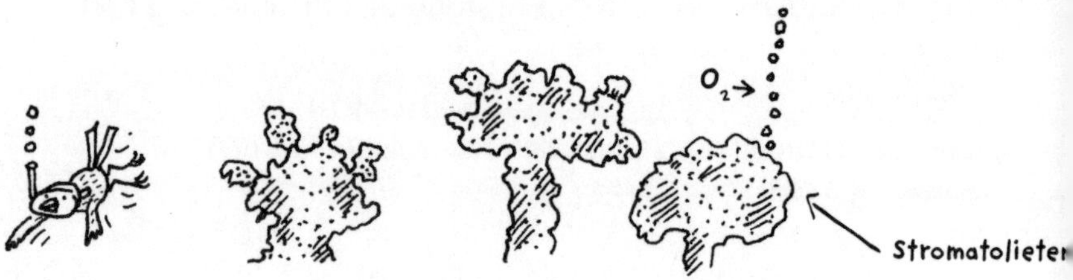

Ongeveer 800 miljoen jaar geleden was het percentage koolstofdioxide in de lucht ongeveer gelijk aan dat van nu. Bovendien was de ozonlaag ontstaan. En die beschermde de aarde tegen schadelijke zonnestraling.

En ja, vanaf zo'n 600 miljoen jaar geleden gaf het LEVEN pas echt gas. En het was gemaakt van meer dan één cel!

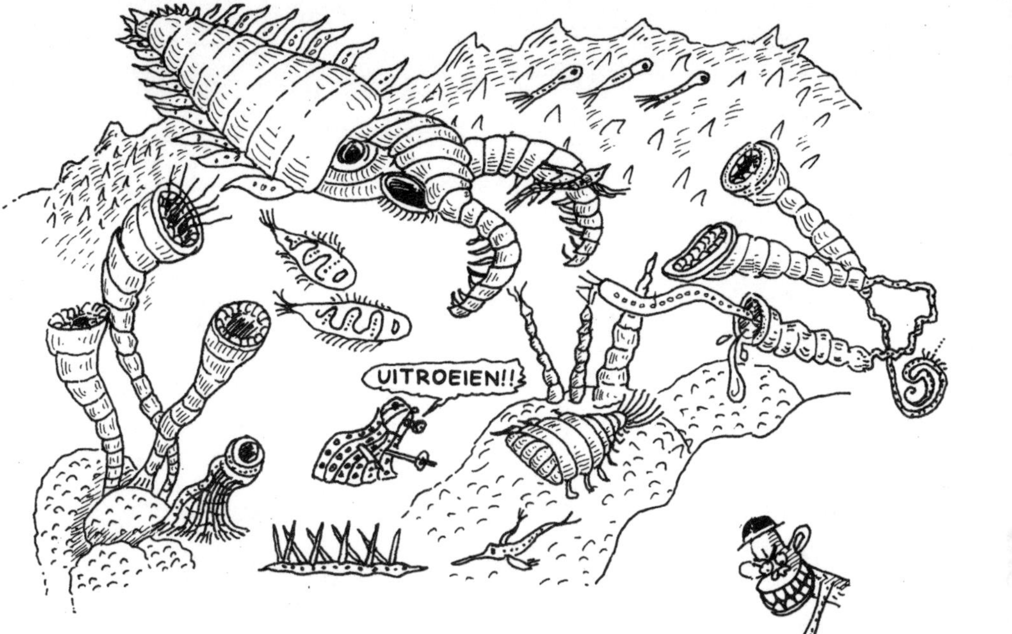

De vroegste meercellige dieren waren sponzen, koralen, kwallen en platwormen.

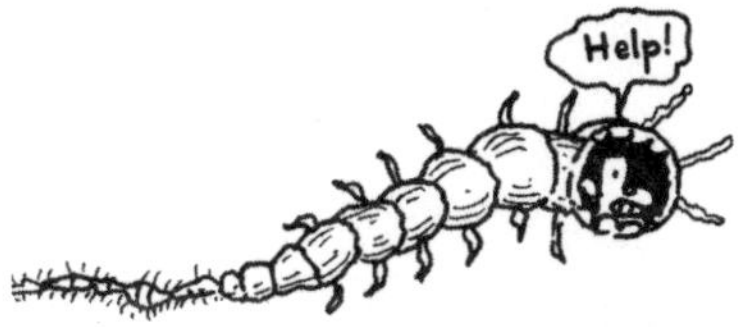

Ja, dat klopt, platwormen! Iew!
En kwallen!

FEITENVAKJE

AL het leven op aarde heeft dezelfde voorouder. Jij. Ik. Planten. Paddenstoelen! Bacteriën! ALLES WAT LEEFT. Wetenschappers delen de vroege geschiedenis van het leven op in TIJDPERKEN of PERIODEN. Die helpen bij het onderscheiden van de grote veranderingen in hoe het leven zich gevormd heeft. De eerste periode (en de langste) heet het PRECAMBRIUM.

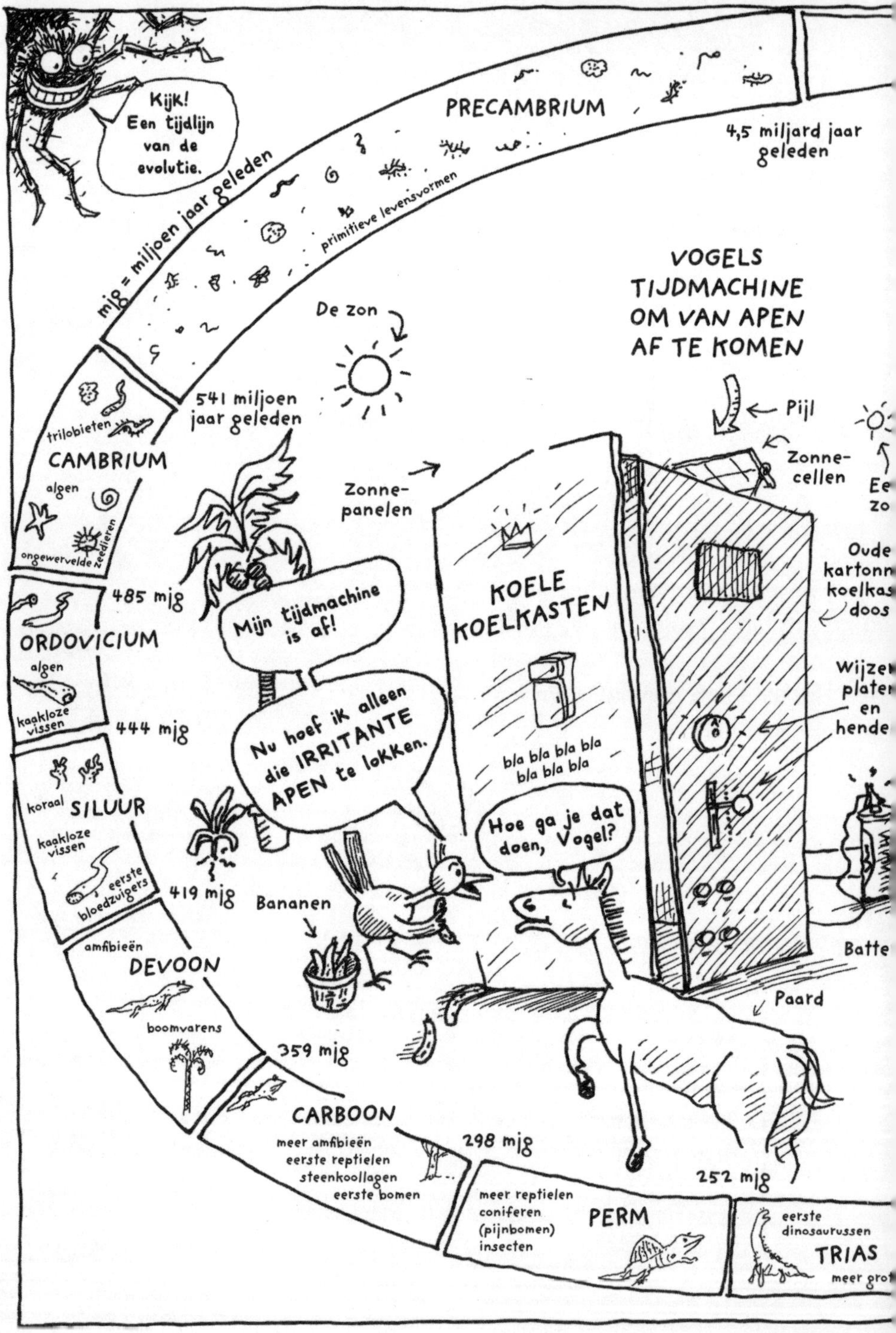
Kijk! Een tijdlijn van de evolutie.
PRECAMBRIUM
4,5 miljard jaar geleden
mjg = miljoen jaar geleden
primitieve levensvormen
VOGELS TIJDMACHINE OM VAN APEN AF TE KOMEN
De zon
541 miljoen jaar geleden
Pijl
Zonnecellen
trilobieten
CAMBRIUM
algen
ongewervelde zeedieren
Zonnepanelen
KOELE KOELKASTEN
bla bla bla bla bla bla bla
485 mjg
ORDOVICIUM
algen
kaakloze vissen
Mijn tijdmachine is af!
Nu hoef ik alleen die IRRITANTE APEN te lokken.
444 mjg
koraal
SILUUR
kaakloze vissen
eerste bloedzuigers
419 mjg
Hoe ga je dat doen, Vogel?
Bananen
amfibieën
DEVOON
boomvarens
Paard
359 mjg
CARBOON
meer amfibieën
eerste reptielen
steenkoollagen
eerste bomen
298 mjg
252 mjg
meer reptielen
coniferen (pijnbomen)
insecten
PERM
eerste dinosaurussen
TRIAS

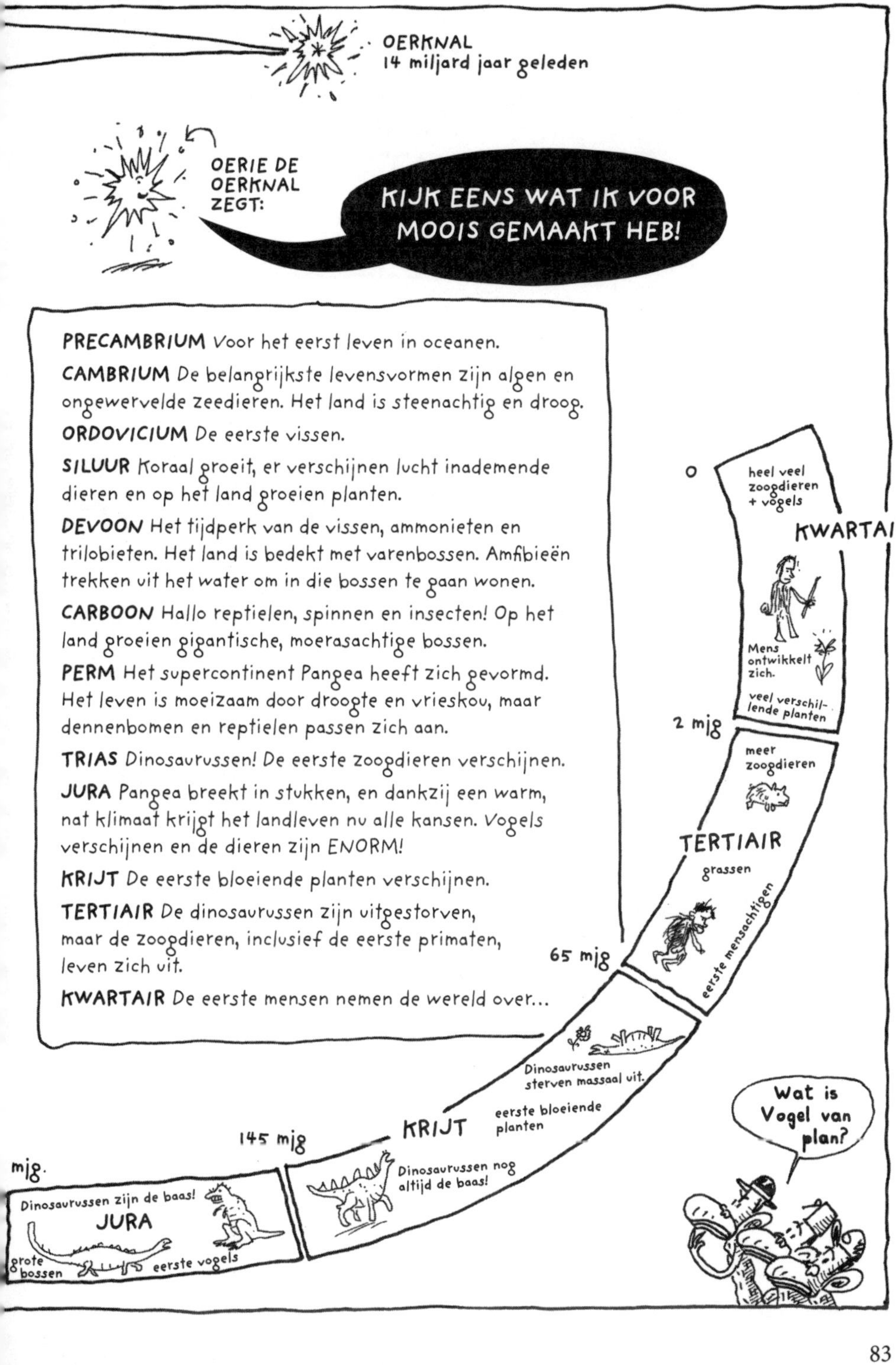

OERKNAL
14 miljard jaar geleden
OERIE DE OERKNAL ZEGT:
KIJK EENS WAT IK VOOR MOOIS GEMAAKT HEB!
PRECAMBRIUM Voor het eerst leven in oceanen.
CAMBRIUM De belangrijkste levensvormen zijn algen en ongewervelde zeedieren. Het land is steenachtig en droog.
ORDOVICIUM De eerste vissen.
SILUUR Koraal groeit, er verschijnen lucht inademende dieren en op het land groeien planten.
DEVOON Het tijdperk van de vissen, ammonieten en trilobieten. Het land is bedekt met varenbossen. Amfibieën trekken uit het water om in die bossen te gaan wonen.
CARBOON Hallo reptielen, spinnen en insecten! Op het land groeien gigantische, moerasachtige bossen.
PERM Het supercontinent Pangea heeft zich gevormd. Het leven is moeizaam door droogte en vrieskou, maar dennenbomen en reptielen passen zich aan.
TRIAS Dinosaurussen! De eerste zoogdieren verschijnen.
JURA Pangea breekt in stukken, en dankzij een warm, nat klimaat krijgt het landleven nu alle kansen. Vogels verschijnen en de dieren zijn ENORM!
KRIJT De eerste bloeiende planten verschijnen.
TERTIAIR De dinosaurussen zijn uitgestorven, maar de zoogdieren, inclusief de eerste primaten, leven zich uit.
KWARTAIR De eerste mensen nemen de wereld over...
0
heel veel zoogdieren + vogels
KWARTAIR
Mens ontwikkelt zich.
veel verschillende planten
2 mjg
meer zoogdieren
TERTIAIR
grassen
eerste mensachtigen
65 mjg
Dinosaurussen sterven massaal uit.
eerste bloeiende planten
KRIJT
145 mjg
Dinosaurussen nog altijd de baas!
mjg.
Dinosaurussen zijn de baas!
JURA
grote bossen
eerste vogels
Wat is Vogel van plan?

KIJK! EEN FOTOHOKJE!
FOTO-HOKJE
Ik ben dol op foto's van mezelf.
Zitten ze er al in?
Ik ook.
Ssst, Paard.
Ik wil bananen.

Waarom zitten er apen in mijn primitieve water? Bah! Daar drink ik van!
PLING!
PLING!

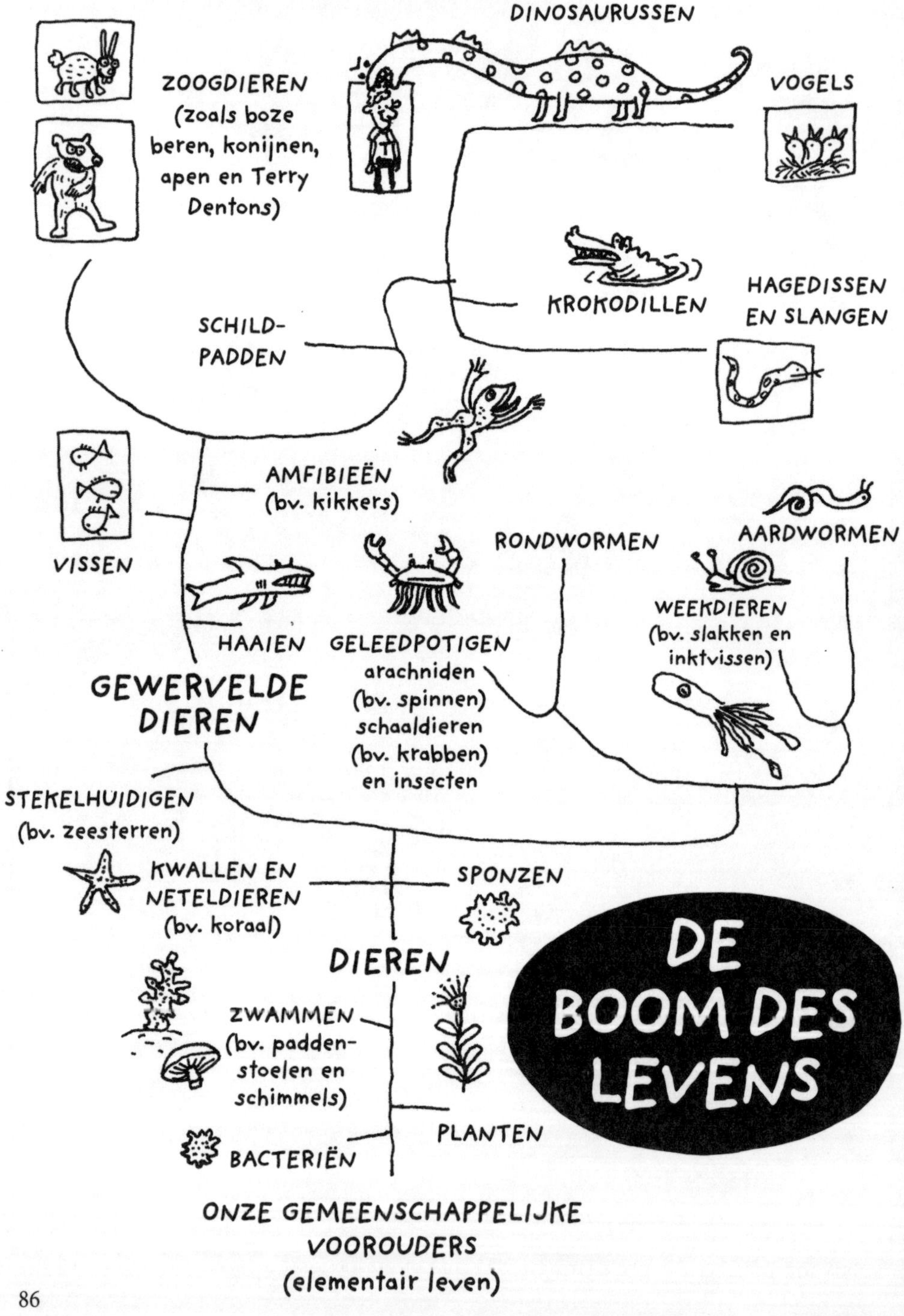
DE BOOM DES LEVENS
DINOSAURUSSEN
ZOOGDIEREN (zoals boze beren, konijnen, apen en Terry Dentons)
VOGELS
KROKODILLEN
HAGEDISSEN EN SLANGEN
SCHILD-PADDEN
AMFIBIEËN (bv. kikkers)
VISSEN
RONDWORMEN
AARDWORMEN
WEEKDIEREN (bv. slakken en inktvissen)
HAAIEN
GELEEDPOTIGEN arachniden (bv. spinnen) schaaldieren (bv. krabben) en insecten
GEWERVELDE DIEREN
STEKELHUIDIGEN (bv. zeesterren)
KWALLEN EN NETELDIEREN (bv. koraal)
SPONZEN
DIEREN
ZWAMMEN (bv. padden-stoelen en schimmels)
PLANTEN
BACTERIËN
ONZE GEMEENSCHAPPELIJKE VOOROUDERS (elementair leven)

PROFESSOR TERRY DENTON IS FAMILIE VAN DE PADDENSTOEL

Een heel intelligente man met de naam Charles Darwin publiceerde in 1859 zijn boek OVER HET ONTSTAAN VAN SOORTEN.

Zijn onderzoek toonde aan dat het leven was GEËVOLUEERD.

Evolutie lijkt op een boom met allerlei levenssoorten die langzaam 'vertakken' van de stam.

Heel veel mensen wilden dat niet geloven.

En ze werden ERG BOOS toen Darwin uitlegde hoe de mens nauw verwant is aan de gorilla.

Maar we zijn niet ALLEEN MAAR familie van de gorilla.

ELKE vorm van leven is verre familie.

Het is lastig om te geloven dat we allemaal net zo uit dezelfde voorouder geëvolueerd zijn als een paddenstoel.

Maar het is wel waar.

FEITENVAKJE

Bacteriën hebben meestal maar één cel. Al het andere leven heeft er meer. Paddenstoelen hebben er miljoenen.
Het menselijk lichaam heeft er BILJOENEN.

Maar HOE ging het precies?

WAT IS EVOLUTIE?

Het duurde MEGALANG voor planten zich uit algen ontwikkelden. Maar zodra het klimaat veranderde, wisten planten te evolueren en te overleven.

In het devoon, toen het warm en vochtig was, groeiden VARENS de pan uit. Ze bedekten het land met varenbossen.
Amfibieën sprongen het water uit om er te gaan leven. In moerasgebieden en in de tropen vind je nog altijd reuzenvarens.

NAAKTZADIGEN zijn planten zonder bloemen. Zij maken hun zaden in kegels.
In het perm, toen het ijskoud was, ontwikkelden sparren zich. Ze zijn heel sterk en groeien nog altijd in koude gebieden.

Dan komen we uiteindelijk bij BEDEKTZADIGEN, zij maken zaden door te bloeien en krijgen dus bloemen.

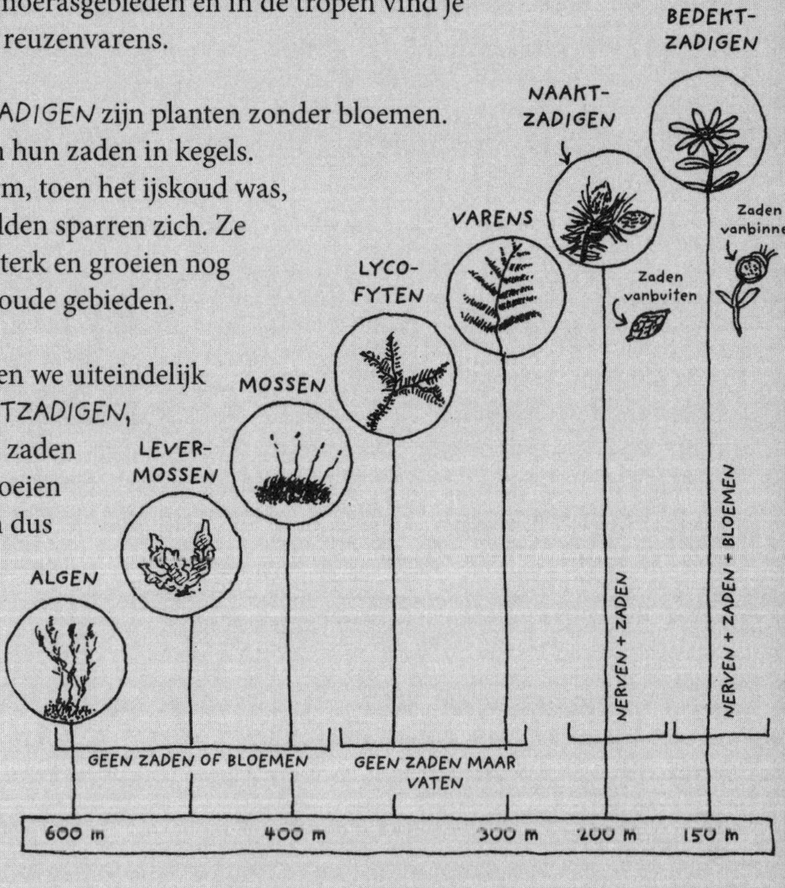

In de evolutie vindt niets zomaar plotseling plaats. Veranderingen voltrekken zich in de loop van miljoenen jaren en miljoenen generaties. De meeste veranderingen slaan alleen maar aan als ze nuttig zijn. Via heel kleine stapjes veranderde het leven van die heel vroege eencellige organismes naar de complexe dieren en planten die we tegenwoordig kennen.

ZWAMMEN vertakten zich van de boom des levens net voor de dieren dat deden.
Dat gebeurde ongeveer 9 miljoen jaar na de planten.

Zwammen kunnen niet hun eigen voedsel maken.
Ze moeten 'eten' en 'drinken'.
Zwammen lijken meer op dieren dan op planten.

SPOREN zijn de kleine cellen die losgelaten worden uit de HOED, het gedeelte van de paddenstoel dat we opeten. Ze zweven weg met de wind.

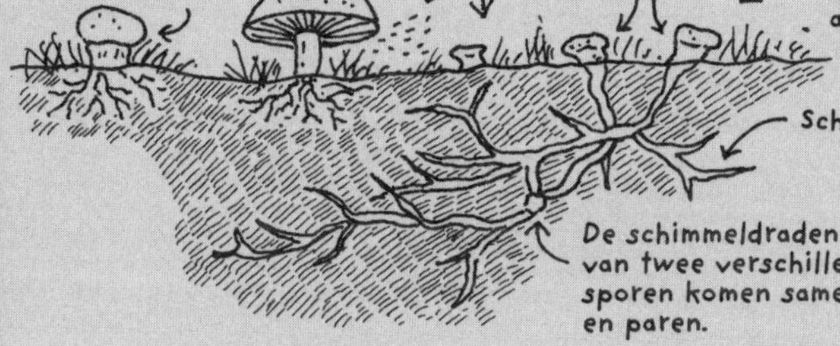

Zwammen nemen water en mineralen op door hun SCHIMMELDRADEN.

Zwammen 'eten' dieren en planten op. Levende of dode! De schimmel die je op oud fruit ziet, is ook een zwam. En sommige zwammen kunnen zelfs op ons lichaam groeien. Smerig!

HEKSENKRING
Een cirkel van paddenstoelen die soms wel een diameter van 10 m heeft.

FEITENVAKJE

Het spul dat brood doet rijzen, gist, is ook een zwam. En heel veel medicijnen worden ontwikkeld uit zwammen. Ze kunnen zelfs olielekkages opeten! Paddenstoelen zijn ook een soort zwammen. De meeste zijn dodelijk voor de mens, maar andere zijn juist weer heel gezond.

En het blijft niet alleen bij planten en zwammen.

EVOLUTIE VERANDERDE OOK DE DIEREN...

We houden al meer dan 15.000 jaar honden. In evolutionair opzicht is dat niet heel lang.

Maar tegenwoordig heb je honden in allerlei maten en vormen, van de kleine chihuahua tot de vreemde, maar lieve buldog en de enorme sint-bernard.

KLEIN

MET KRULLEN

GROOT

LANGHARIG

GEVLEKT

GEWOON

Van alle moderne dieren hebben alleen honden deze hele grote variatie.
Dat komt omdat de mens welbewust voor een bepaald soort hond met bepaalde eigenschappen kiest.
Of juist een hond met een ongewone kleur of patroon.
Dan kruisen ze die met andere honden met dezelfde eigenschappen of hetzelfde uiterlijk.

Wolven ontwikkelden zich zo'n 1,5 miljoen jaar geleden, en ALLE honden stammen af van één type wolf. Nu zijn ze een heel andere soort. Maar honden zijn niet alleen maar door natuurlijke selectie zo anders geworden, de mens had daar ook iets mee te maken.

Mensen beseften dat twee grote honden samen waarschijnlijk puppy's zouden krijgen die ook groot werden. Maar een klein hondje en een grote hond zouden misschien puppy's krijgen die groot, klein of iets ertussenin werden.

Omdat we honden voor allerlei verschillende klussen wilden gebruiken, hadden we verschillende soorten honden nodig. Voor de jacht, als herdershond, waakhond, speurhond, of gewoon om SCHATTIG te zijn. En voor al die taken waren andere vaardigheden vereist. En andere lichaamsvormen. En verschillende neuzen en een verschillende vacht…

FEITENVAKJE

Jouw GENEN bepalen hoe je eruitziet. Ze kunnen zelfs bepalen hoe je je gedraagt, welke ziektes je krijgt en hoelang je leeft. Iedereen heeft andere genen, maar dieren van eenzelfde soort delen genen voor de kenmerken van die soort. Zo hebben alle honden bijvoorbeeld meer 'reuk'-genen dan de mens. Hoe meer je verwant bent aan iemand, hoe meer genen jullie delen.

Om evolutie te begrijpen, moet je iets over genen weten.
En om iets over genen te weten, moet je iets over CELLEN weten.
Herinner je je nog het

ENORME

en misschien wel oneindige heelal?

Denk dan nu aan iets kleins. Iets HEEL ERG kleins.
Niet zo klein als een atoom, maar kleiner dan een
zandkorreltje. Kleiner dan een beerdiertje. Want zelfs
het beerdiertje is gemaakt van veel kleine celletjes.

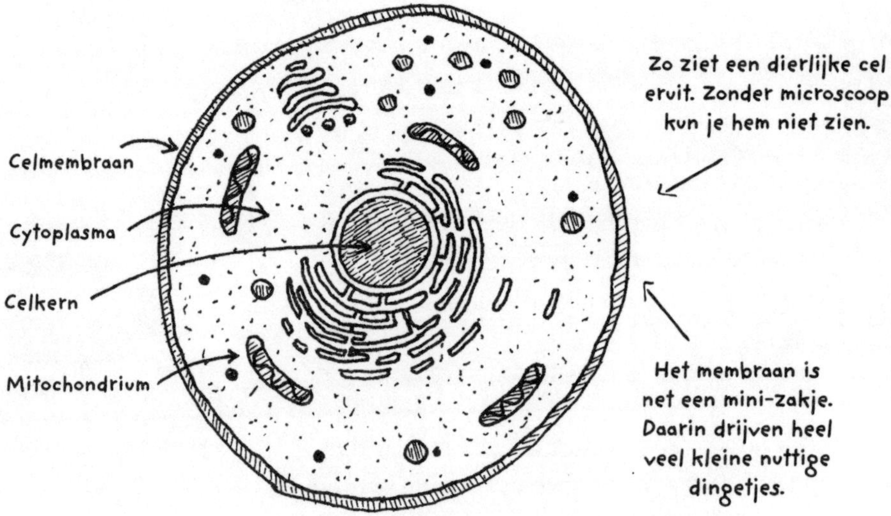

DIERLIJKE CEL

Cellen nemen voedingsstoffen op die ze gebruiken als bouwstof
of als brandstof, of die ze opslaan als reservestof. En verschillende
cellen in je lichaam hebben verschillende taken.

Cellen kopiëren zichzelf zodat jij kunt herstellen
en groeien. Als ze zich delen, is de nieuwe cel
MEESTAL een perfecte kopie van de oude cel.

Cellen die zichzelf kopiëren

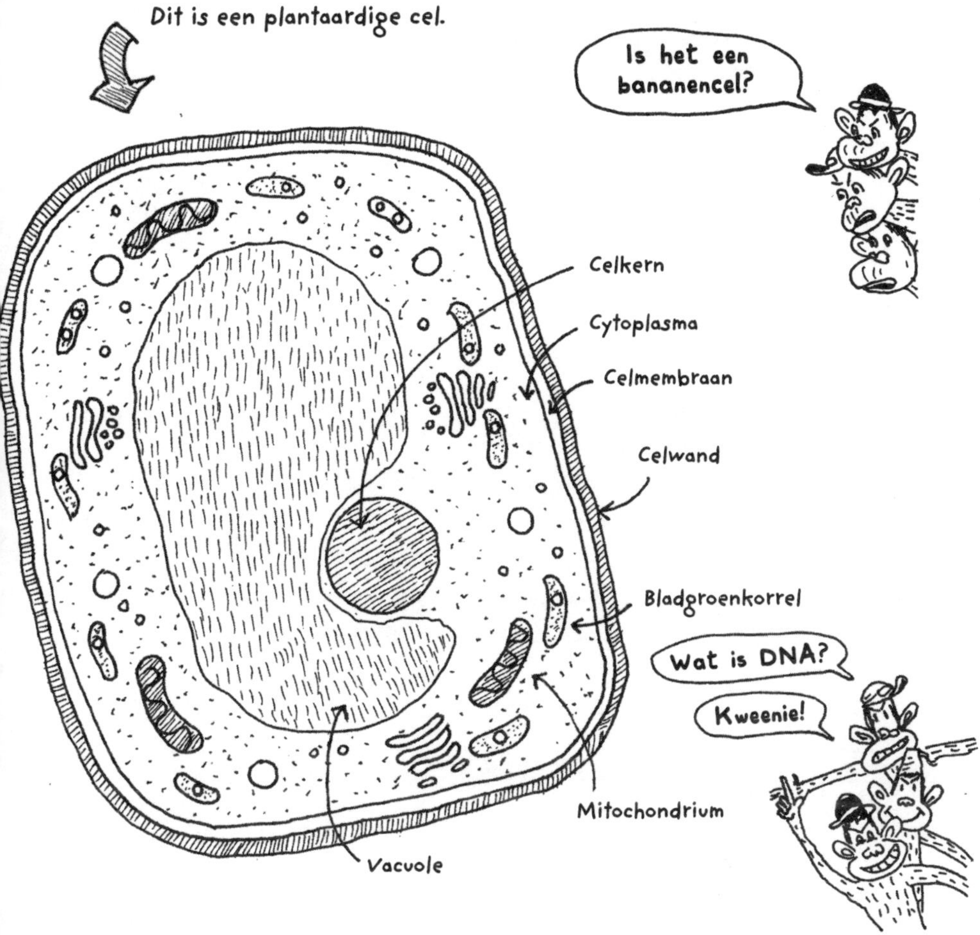

Ook al zou elke kopie van een cel hetzelfde MOETEN zijn, toch is er elke keer dat een cel zich deelt een kans dat hij MUTEERT.

Bij het kopiëren van de cel wordt eerst het DNA gekopieerd. Hierbij kunnen veranderingen gebeuren zoals een stukje DNA dat verplaatst wordt, of bijgemaakt wordt. Op die manier kan evolutie plaatsvinden.
Wij hebben allemaal mutaties in onze cellen, we zijn dus allemaal mutanten!

Fifi en Vlekje

DNA zorgt ervoor dat honden anders zijn dan katten.
Dat Bello anders is dan Fifi en Vlekje.

Best lelijk

DNA staat voor desoxyribonucleïnezuur.

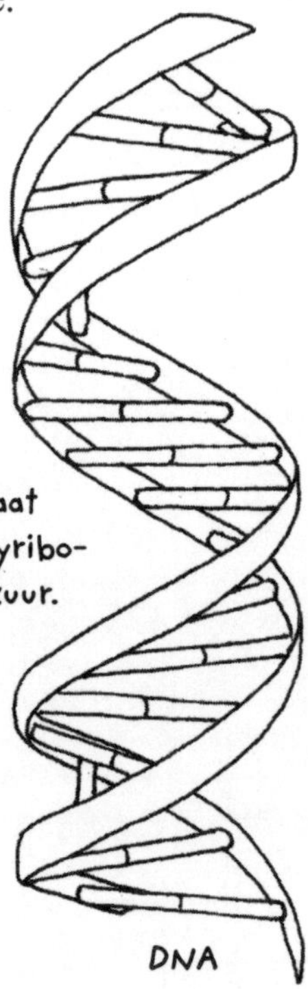

DNA ziet eruit als een gedraaide ladder. Die worden heel compact opgerold tot chromosomen.

Dat is een chemische stof die zich in iedere cel van elk levend iets bevindt. Het bevat de instructies voor hoe alle andere delen van de cel gemaakt moeten worden.

Dus jouw DNA bevat alle instructies voor hoe JIJ gemaakt moet worden. Genen zijn gemaakt van DNA. En samen maken ze dingen die we CHROMOSOMEN noemen.

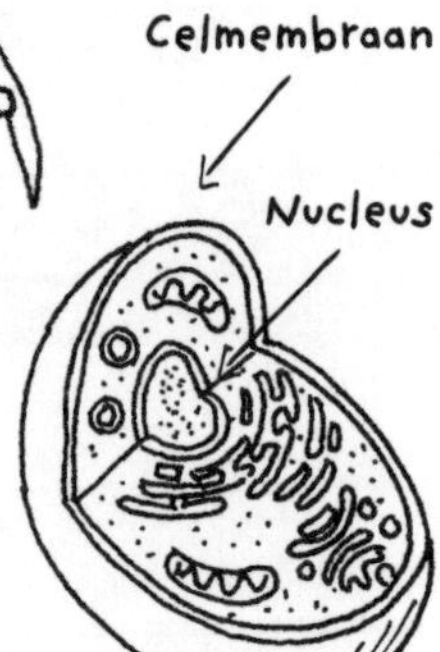

Menselijke cel

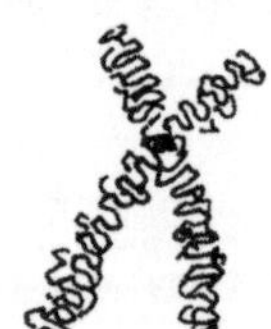

Menselijke chromosomen

Elke verandering in je DNA heet een MUTATIE. Maar er zijn maar een paar mutaties die je kunt erven van je ouders.

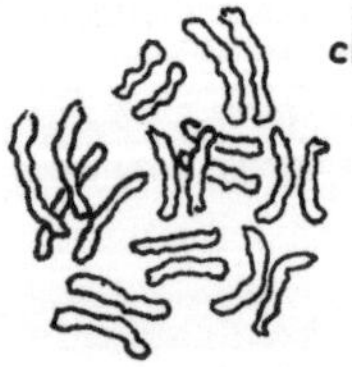

Menselijke genen

Chromosomen zijn gemaakt van genen. Bij dieren en planten vind je ze in de celkern.

HOE MAAK JE EEN LEGER VAN KLONEN?

Zelfs bacteriën hebben chromosomen.

Ze planten zich voort door hun ene cel te delen. Steeds maar weer en weer en weer…

Het goede nieuws is dat de cellen waar JOUW lichaam van gemaakt is zich ook delen.

Het slechte nieuws is dat dat niet betekent dat je, net als bacteriën, JE HELE LICHAAM kunt klonen en met een klonenleger de wereldheerschappij op kunt eisen.

De meeste dieren vermenigvuldigen zichzelf niet door hun hele lichaam te kopiëren. De mens bijvoorbeeld heeft 23 paar chromosomen in elke cel. Het zijn paren omdat we een mengeling van genen van onze vader en moeder krijgen.

Identieke tweelingen hebben dan wel HETZELFDE DNA, maar ze zijn GEEN kloon van hun vader of moeder.

Wetenschappers hebben WEL dieren gekloond. Het eerste gekloonde dier was een schaap. Ze heette Dolly.

Ze PROBEREN uitgestorven dieren zoals de Tasmaanse tijger of een dinosaurus te klonen. Hoe GEWELDIG zou dat zijn!

Je komt nog niet op bezoek gaan in Jurassic Park, maar je hebt al wel dieren ontmoet die naaste familie zijn van de dinosaurussen. Vogels! Ja, zeemeeuwen zijn

VLIEGENDE MINI-T-REXEN!

Sommige zoogdieren kunnen zweven, maar alleen vleermuizen kunnen vliegen. Ze hebben 'vingers', net als andere zoogdieren, en ze kunnen hun vleugels, net als armen, afzonderlijk gebruiken.

Maar vogels hebben meer gemeenschappelijk met reptielen. Ze leggen eieren en op hun poten hebben ze schubben.

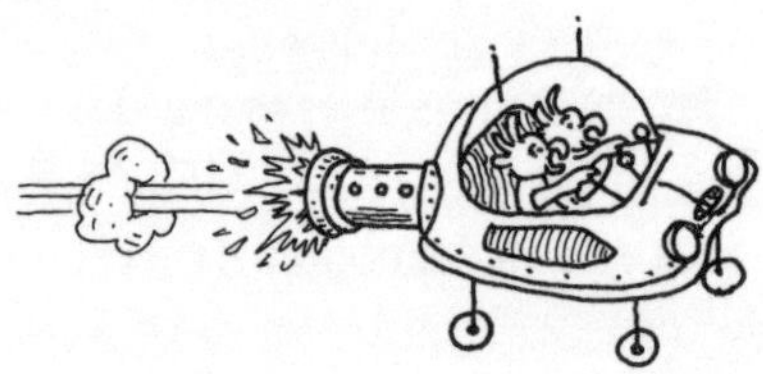

Vogels hebben zelfs NOG MEER gemeenschappelijk met dinosaurussen. Veel dinosaurussen hadden holle botten en, net als vogels, drie tenen aan elke poot.

Ze hadden zelfs veren. Ook al konden ze niet vliegen.

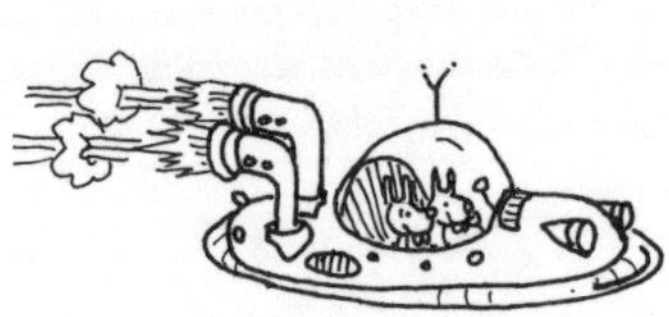

De Pterodactylus kon WEL vliegen. Maar dat was, net als een krokodil of een alligator, een reptiel. Hij was dus geen dinosaurus. Ze evolueerden helemaal uit zichzelf en konden toen vliegen.

En ze stierven uit zonder dat ze de vliegkunst door konden geven.

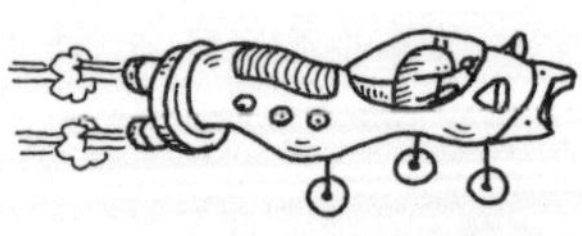

De dierlijke vliegkunst evolueerde niet zomaar opeens. Vleermuizen, insecten en vogels ontwikkelden hun vliegkunst elk op een verschillend moment. Wie kan vliegen kan aan roofdieren ontsnappen en kan zelf zijn prooi ook beter vangen dan anderen. Handige eigenschap dus.

De Archaeopteryx was de eerste dinosaurus die op een vogel leek, maar hij had kaken en tanden en klauwen.
Dus als hij in de buurt was, kon je maar beter geen ijsje gaan halen op het strand.

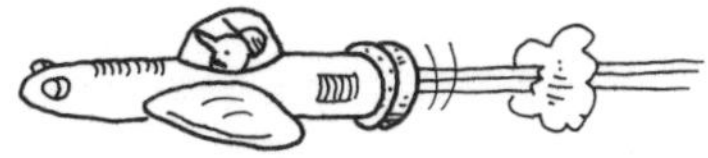

Evolutie is geen uitvinder.
Toen mensen een grote jachthond probeerden te fokken, gebruikten ze daar met opzet de grootste, sterkste honden voor…
Maar in de natuur is er GEEN PLAN.

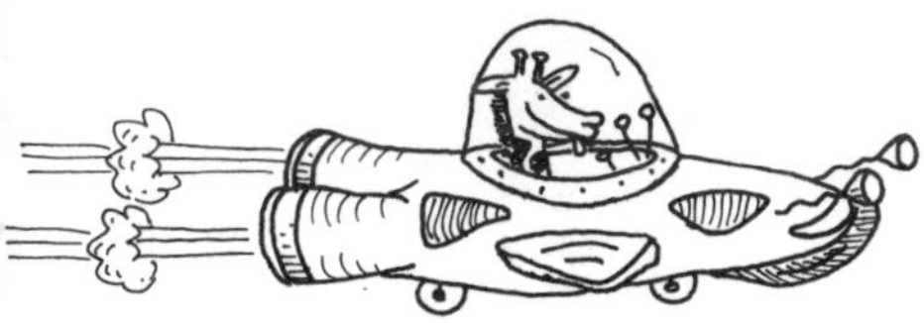

De Archaeopteryx BESLOOT niet om tot een zeemeeuw te evolueren. Dat gebeurde door NATUURLIJKE SELECTIE.

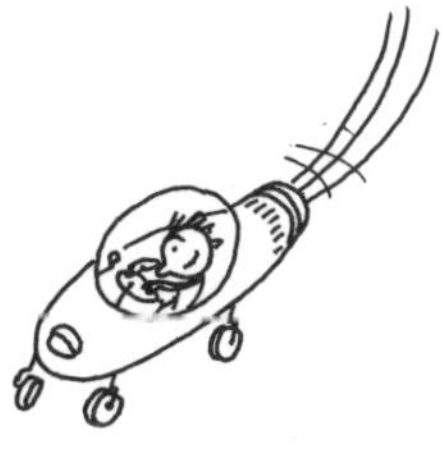

Mutaties of gedragingen die je helpen te overleven (of waar je in elk geval niet dood aan gaat) hebben in het wild meer kans om doorgegeven te worden aan je kinderen. Daarna geven je kinderen die mutatie waarschijnlijk weer door aan HUN kinderen. Maar als een eigenschap geen nut meer heeft, dan zit je soort er maar mee.

Sommige dinosaurussen begroeven of bedekten hun eieren. Sommige reptielen, zoals krokodillen, doen dat nog steeds.
Maar SOMMIGE dinosaurussen maakten open nesten op de grond en gingen erop zitten. Die dinosaurussen evolueerden tot de vogels van tegenwoordig.

Toen het heel koud werd, was het van levensbelang dat de eieren een constante temperatuur hadden, zodat de jonkies niet stierven. Dus die jonkies groeiden op en gingen zelf eieren leggen…

In de loop van miljoenen jaren werden nesten steeds complexer.

Vogels hoeven niet te leren hoe ze een nest moeten bouwen. Ze WETEN HET GEWOON. Dat heet AANGEBOREN GEDRAG.

En als jouw soort niet goed past op de plek waar je leeft, dan raak je aangepast, je gaat ergens anders wonen, of je...

STERFT UIT!

We wonen op een veranderende planeet.
En andere dieren en planten evolueren om ons heen.
Iets dat eerst nuttig was kan al snel NIET MEER nuttig zijn.

Mopshondjes zijn schattig, en dat helpt als je een huisdier bent. Maar als je een mopshond in het wild laat leven en gaat kijken hoe hij op jacht gaat…

Dat is HET RECHT VAN DE STERKSTE.

Een ROOFDIER jaagt en eet zijn PROOI.

Verwarde prooi

Wolf

Deze mopshond zal waarschijnlijk een AASETER moeten worden, die het moet hebben van de restjes die roofdieren achterlaten.

FEITENVAKJE

In de geschiedenis van het leven op aarde zijn er vijf MASSA-UITSTERVINGEN geweest. Dat houdt in dat er elke keer tussen de 75 en 90% van alle levende soorten tegelijkertijd verdween. Die uitstervingen vonden plaats aan het eind van het ordovicium, devoon, perm, trias en krijt. Na elke massa-uitsterving ontstonden andere levensvormen levensvormen om de opengevallen plekken in te nemen.

Wauw! Gratis vliegen!
GRATIS VLIEGEN
Maar Vogel, dat is geen teletijdmachine, da's gewoon een Kartonnen KoelKastdoos met wat wijzertjes erop geplakt.
Sst, Paard, je leidt de REUZEN-SPIN af.
INGANG
In de jura was het heel gebruikelijk dat dino's aan turnen deden en dinopiramidetjes bouwden.
Zagosaurus
GRATIS VLIEGEN
Zet de wijzer op 'jura'!
Welkom in de jura.
Welkom in 150 miljoen jaar geleden.
Deurosaurus
PLING!
Gratis vliegen? Die waren er dus niet!
Na elke foto belanden we in een ander tijdperk!
FOTO-HOKJE
Weet je waar ik de pest aan heb? VULKANEN! IK haat ze gewoon, Kweenie waarom.
Kwastosaurus

Je hebt waarschijnlijk weleens gehoord van het uitsterven van de dinosaurussen, zo'n 65 miljoen jaar terug.
Dat was nogal plotseling.

Misschien was het een enorme meteoor die insloeg op de aarde, of heel veel vulkanen die uitbarstten.

Of allebei.

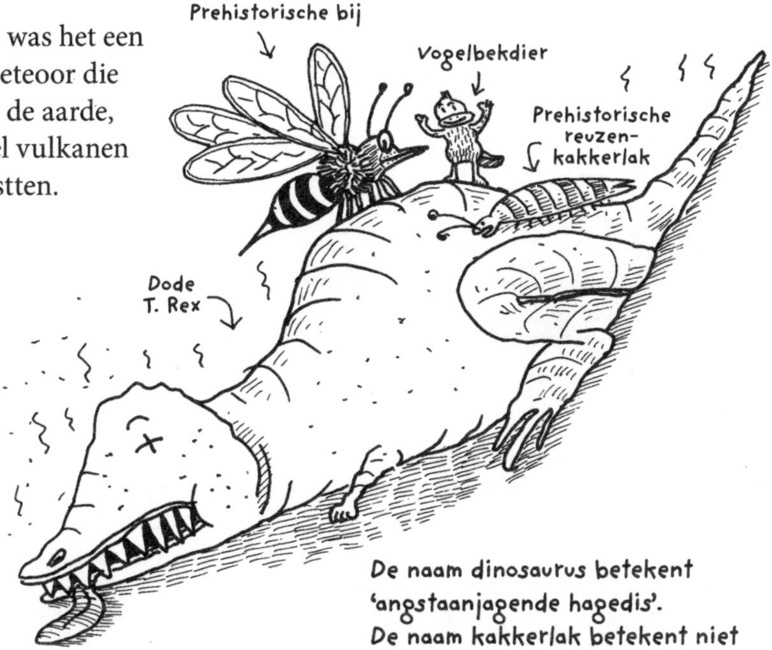

De naam dinosaurus betekent 'angstaanjagende hagedis'.
De naam kakkerlak betekent niet 'iew'. Maar dat zou wel moeten.

Kakkerlakken, vogelbekdieren en bijen overleefden het uitsterven van de dinosaurussen.

Zoals altijd waren het veranderingen in het klimaat die het echte probleem waren. Maar een kwart van het leven op aarde STIERF NIET. Vooral kleine vogels, reptielen, zoogdieren, vissen, insecten en amfibieën overleefden.

Ze bleven het tot in het tertiair geweldig doen en namen de wereld over.

MOGEN ZE TERUG?

De ANOMALOCARIS was een van de engste roofdieren uit de cambriumoceanen. Het was net een gigantische geharnaste garnaal.

De PLATYBELODON was een vroege olifant met een enorme bek en op zijn onderkaak twee schepachtige slagtanden.

Pas op voor de machtige wombat! De DIPRODOTON leefde vele tijdperken lang in Australië tot hij ongeveer 12.000 jaar geleden uitstierf. Het was een buideldier zo groot als een neushoorn.

Voordat er mensen waren op de twee Amerikaanse continenten liep er veel MEGAFAUNA rond. Zoals de SABELTANDTIJGER die makkelijk een bizon aankon. En de werkelijk gigantische WOLHARIGE MAMMOET.

De dodo was ongeveer een meter hoog, hij had kleine nutteloze vleugeltjes, een kale kop en op zijn achterste een paar kleine fraaie veertjes. Hij werd rond 1598 door de mens ontdekt. Binnen 60 jaar stierf hij uit door de jacht.

Het uitsterven van de dinosaurussen was niet de ERGSTE massa-uitsterving. DIE vond plaats aan het eind van het perm-tijdperk. Het wordt ‘het Grote Sterven’ genoemd.

De haai overleefde het, maar ongeveer 96% van al het leven stierf uit.

Vanaf het moment dat mensen in steden gingen wonen en brandstof als kolen en olie gingen verbruiken, is er een recordaantal dieren uitgestorven. En nog meer soorten worden bedreigd. Wetenschappers waarschuwen nu voor een ZESDE massa-uitsterving. Raad eens wie daar dan waarschijnlijk verantwoordelijk voor is.

FEITENVAKJE

Vroege vogelbekdieren leefden waarschijnlijk in de tijd van de dinosaurussen. Deze kleine zoogdieren zijn heel uitzonderlijk. Ze leggen eieren als een reptiel, ze zogen hun jongen met melk die door poriën in hun buik sijpelt, ze hebben geen tanden, maar vinden hun voedsel door elektrische stroompjes op te sporen met hun eendachtige snavel, en ze hebben gif bij zich, net als spinnen of slangen, maar dat zit in sporen aan hun poten. Ze zijn een van de vroegste vertakkingen aan de zoogdier-boom des levens.

DINOSAURUSSEN WAREN GEWELDIG!

Maar als ZIJ er nog steeds waren, waren WIJ er waarschijnlijk niet. Nadat de dinosaurussen uitstierven, kregen de zoogdieren hun grote kans, en wij zijn van het soort zoogdieren dat PRIMATEN genoemd wordt.

Er zijn zoveel uitgestorven vertakkingen van de primatenboom des levens, en wetenschappers vinden nog altijd bewijzen voor nieuwe vertakkingen.
Onze vertakking heet HOMO SAPIENS. Homo sapiens evolueerde minstens 160.000 jaar geleden en leefde een tijdje tegelijkertijd met de neanderthaler en de homo erectus.

Dus de MEEST NAASTE familie die we hebben op de boom des levens van de primaten zijn de CHIMPANSEES en de BONOBO'S. Ons DNA is voor ongeveer 99% hetzelfde.

Mensapen hebben geen staart, maar wel platte nagels (geen klauwen) en armen die ze kunnen gebruiken. De duimen zijn opponeerbaar: met de top kunnen vingertoppen van dezelfde hand aangeraakt worden, zo is het mogelijk om iets vast te pakken.

Australopithecus had zowel opponeerbare tenen als duimen.

Homo sapiens heeft geen tenen in oppositie, want na de Australopithecus liepen we voornamelijk op twee benen. Onze voeten kwamen er steeds meer uit te zien als die van tegenwoordig. We gebruikten ze om door de HELE wereld te lopen.

FEITENVAKJE

De voorouder die we gemeen hebben met de chimpansee leefde zo'n 7 miljoen jaar geleden. De huidige chimpansees kunnen, als ze willen, op twee benen lopen en houten en stenen gereedschappen gebruiken. Ze communiceren door middel van geluiden en kunnen simpele taal leren. Ze wonen in gemeenschappen, ze zijn omnivoor, en ze zorgen voor hun jongen tot die ongeveer 5 jaar oud zijn. Ze begrijpen ruilhandel, logica en houden van eenvoudige legpuzzels. Ze werken samen en voelen emoties als verdriet en jaloezie. Herken je dat misschien?

Onze lichamen bleven zich ontwikkelen totdat we Homo sapiens werden.

Onze tanden en kaak veranderden van vorm.
We werden minder harig.
We ontwikkelden betere zweetklieren,
en we leerden beter zien dan ruiken…
Misschien omdat we de deodorant nog niet uitgevonden hadden.

Uiteindelijk ontwikkelden we grotere hersens. Misschien is dat de reden dat we complexe taal gingen gebruiken.

Dat is een van de dingen die ons ANDERS maken.

Andere dieren kunnen met elkaar communiceren, en soms met ons.

Maar Homo sapiens kent grammatica. En het schrift. En we hebben woorden die emoties overbrengen en ingewikkelde, abstracte ideeën.

We communiceerden steeds meer en gingen samenwerken en werden geweldige uitvinders.

Uiteindelijk namen wij de plaats in van alle andere mensensoorten.
Maar ga nu maar niet naast je schoenen lopen!
Neanderthalers hadden grotere hersens dan wij.
En TOCH stierven ze uit…

3½

HET LEVEN OM JOU HEEN

HUISDIEREN EN TAMME DIEREN

Een van de dingen waarmee we ons onderscheiden van de andere mensapen is dat we andere dieren houden in ons huis of op onze boerderij. Dat heet DOMESTICATIE.

Waarschijnlijk begon het met wolven die bij menselijke nederzettingen rondhingen voor wat lekker afval. De wolven die heel dichtbij kwamen maar niet aanvielen, werden de voorouders van de hond.

Katten wonen bij ons vanaf de tijd dat we gewassen verbouwden. Muizen kwamen het opgeslagen voedsel stelen, en de katten verschenen om dat heerlijke ongedierte op te vreten. Goed geregeld voor iedereen, behalve voor de muizen.

Ook spinnen eten ongedierte dat ons eten steelt, maar we zijn minder dol op ze dan op katten. Ze ontstonden nog voor de dinosaurussen. En ze verblijven al in onze huizen sinds we huizen begonnen te bouwen.

Misschien hebben ZIJ ONS gedomesticeerd?

Goudvissen waren in het wild niet goudkleurig, en ze begonnen als lekker hapje.
In China werden de zeldzame rode, oranje en gele exemplaren gespaard.

In het wild waren ze voor roofdieren makkelijk te vangen. Als huisdieren zijn ze duizenden jaren lang zo gefokt dat ze er vreemd, mooi en kleurrijk gingen uitzien.

FEITENVAKJE

* Draken zijn verzonnen dieren die voorkomen in volksverhalen uit heel veel landen: van Engeland en Griekenland tot Japan en China. Ze wonen in berggrotten, ze slapen meestal en af en toe vliegen ze al vuurspuwend rond, waarbij ze mensen en steden in brand steken. Zou JIJ er één in jullie flat willen?

Een van de eerste dieren die door de mens geschilderd en getekend werd, was het paard. Paarden waren belangrijk als voedsel. Maar toen leerden mensen op de prairies tussen Europa en Azië hoe ze getemd en bereden konden worden.

Wilde paarden waren veel kleiner dan de paarden van nu. De meeste wilde paardensoorten zijn uitgestorven. Eén soort leeft enkel nog in dierentuinen.

Er zijn maar weinig gedomesticeerde insecten. Maar Chinese zijderupsen maken al 7500 jaar zijde voor ons.

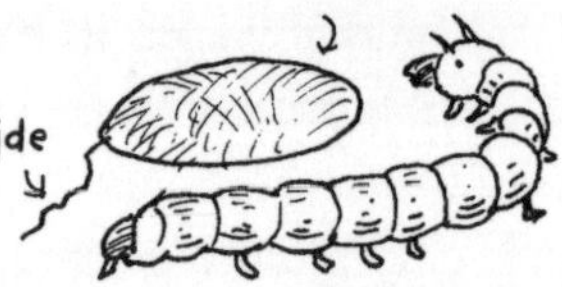

Ook bijen zijn gedomesticeerd. Ze zoemden al rond voor de dinosaurussen, dus ze zullen wel kwaad geweest zijn toen zoogdieren hun honing begonnen te stelen.

Zo'n 9000 jaar geleden hielden mensen in Noord-Afrika voor het eerst bijen. Die zijn niet alleen maar van belang vanwege hun honing. Bijen zorgen voor bevruchting van onze planten, waardoor we zaden, planten, fruit en groenten kunnen kweken.

Als vervoermiddel kwamen ze veel minder van pas.

Ongeveer 10.000 jaar geleden begon de mens geiten en schapen te houden om hun vlees, melk en huid. Later gebruikten ze ook hun haar en vacht om wol van te maken.

In Zuidoost-Azië hielden de mensen kippen. Maar die zagen er destijds heel anders uit. Nu zijn hennen vele keren GROTER dan toen. Ze leggen HONDERDEN eieren per jaar in plaats van maar een paar.

De OEROS was de voorouder van de koe. Je eet nu vlees, draagt leer en drinkt koemelk omdat 10.000 jaar geleden de oerossen getemd werden en de mens ermee ging fokken om ze minder eng te maken.

Oerossen waren groter dan wij, met enorme gekromde hoorns. Een van hun hobby's was het doodslaan van jagers.

Ze kwamen in het wild voor in Europa, Azië en Afrika. Er zijn nu zo'n 1,5 miljard koeien op aarde. Maar NUL oerossen.

FEITENVAKJE

Iets wordt een DIER genoemd als het zuurstof inademt, als het prikkels opvangt en erop reageert, als het andere planten of dieren eet en als het zich kan bewegen en voortplanten. Het woord SOORT betekent 'een groep die bepaalde eigenschappen gemeenschappelijk heeft'. Zo classificeren we dieren, zwammen en planten. Er zijn ongeveer 1,3 miljoen diersoorten ontdekt (waarvan ongeveer 1 miljoen insecten). Waarschijnlijk zijn er nog heel veel soorten te ontdekken. Misschien wel zo'n 10 miljoen!

HET EERSTE TUINTJE...

Mensen begonnen dieren te houden en ongeveer tegelijkertijd kwamen ze ook op het idee om planten zelf te VERBOUWEN in plaats van ze te gaan zoeken.

Maar de mens kon het niet laten om wat dingen te veranderen. Bananen hadden een andere vorm en je kon ze niet pellen. Voordat de mens ze ging kweken, zagen ze er zo uit.

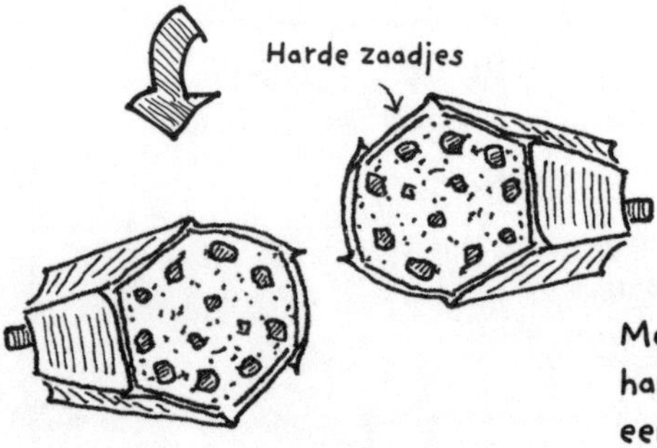

Eén banaan noem je een VINGER.
Meer dan één noem je een HAND.

Meer dan een hand noem je een TROS.

Nog maar zo'n 300 jaar geleden zagen watermeloenen er zo uit.

Er was bijna geen heerlijk roze vruchtvlees.

Nu is het EEN EN AL heerlijkheid.

Sommige planten werden gekweekt om op te eten of om iets van te maken. Sommige omdat ze er mooi uitzagen of gebruikt konden worden als medicijn of drug (zoals klaprozen voor opium of gerst voor alcohol). Het boerenbedrijf was een reden om op één plek te blijven en dorpen en uiteindelijk steden te bouwen.

Sommige planten kunnen zichzelf klonen. Ze groeien vanuit een stukje wortel, blad of stengel. Of ze vormen uitlopers, zoals gras doet.

Nieuwe bananenplanten groeien van een WORTELSTOK, een ondergronds gedeelte van hun stengel. Bananenzaden zijn geen echte zaden meer.

Bij planten die wel echte zaden hebben werkt het zo:

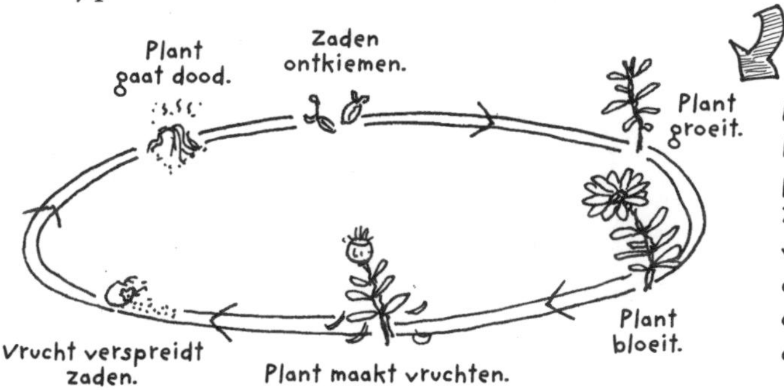

De mens gebruikte KRUISBESTUIVING om planten te veranderen. Ze brachten stuifmeel van de ene bloem op de stamper van een andere bloem, binnen dezelfde soort.

Tegenwoordig kunnen wetenschappers het DNA van een plant aanpassen om hem beter bestand te maken tegen ziekte of ongedierte, om hem meer fruit te laten produceren, anders te laten smaken of gezonder te maken. GENETISCH GEMANIPULEERDE planten zijn mutanten die door de mens zijn gemaakt.

FEITENVAKJE

Je noemt iets een PLANT als het op één plek groeit en met zijn wortels water en voedingsstoffen opneemt uit de grond. Planten gebruiken een scheikundige stof in hun bladeren die CHLOROFYL heet om fotosynthese uit te voeren, en hun celwanden zijn gemaakt van iets wat CELLULOSE heet.

BACTERIËN

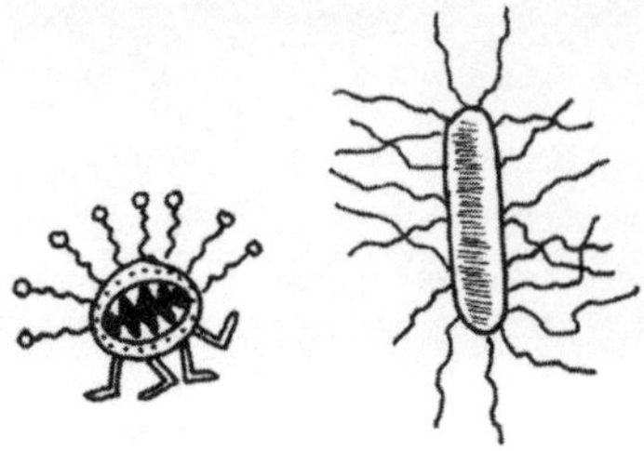

Herinner je je het bacterieklonenleger nog?
Als bacteriën zich vermenigvuldigen, dan delen
ze zich en maken een kopie van hun hele lichaam.

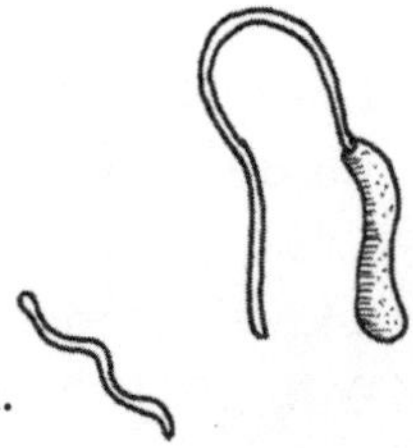

Omdat ze meestal maar uit één cel bestaan,
hoeven ze geen jongen te krijgen, geen bloemen
te bevruchten en geen uitlopers of sporen te vormen.
Daarom kunnen ze zich zo snel verspreiden.

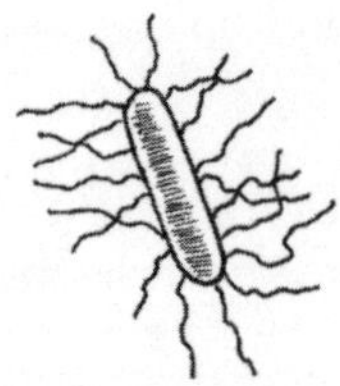

Bacteriën zijn OVERAL!
Sommige bacteriën zijn schadelijk en kunnen je
erg ziek maken.
Maar niet alle bacteriën zijn walgelijk.

Sommige bacteriën die in de zee
leven, zijn BIOLUMINESCENT.

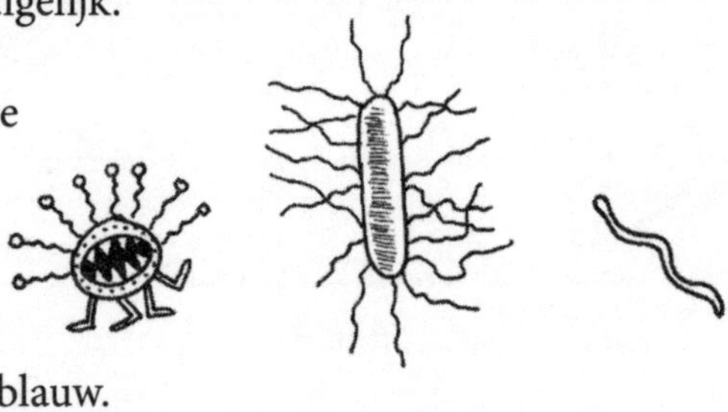

Ze zorgen ervoor dat het
water en de golven 's nachts
oplichten met het allermooiste blauw.

FEITENVAKJE

Er zijn veel verschillende soorten bacteriën. In je maag alleen al leven meer dan 1000 soorten. Ze leven, maar zijn geen dieren of zwammen of planten. Sommige bacteriën maken dezelfde stoffen aan als dierlijke cellen, en sommige kunnen fotosynthese bedrijven, net als planten. Stromatolieten zijn een soort stenen gemaakt van bacteriën, maar de bacteriën voegen zich niet aaneen om een lichaam te vormen en ze hebben geen celkern. Ze hebben maar één of twee cirkelvormige chromosomen.

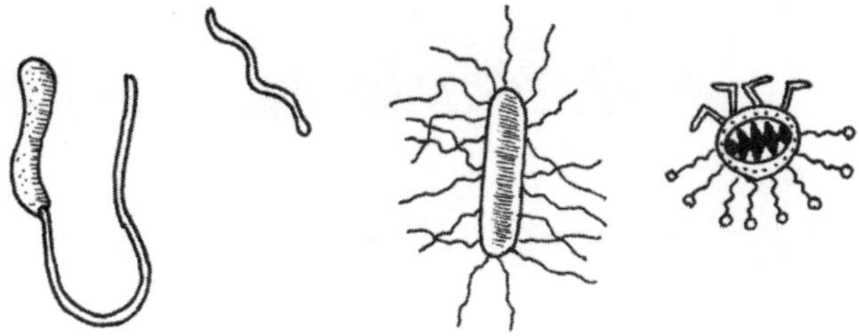

De meeste bacteriën zijn nuttig voor dieren.
Vooral voor ons.

Ze helpen onze lichamen functioneren.

Ze helpen onze planten groeien.

En ze helpen ons om heerlijk eten te maken, zoals kaas en augurken en yoghurt.

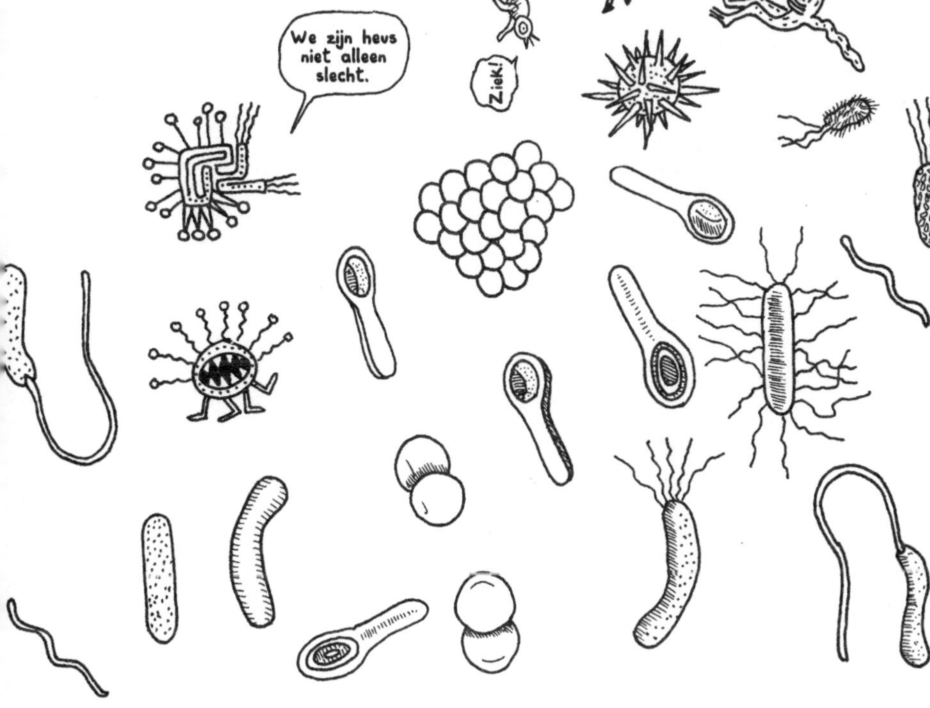

HOI, SPONZEN EN NETELDIEREN

SPONZEN leven in de oceanen en in zoet water.
Het lichaam van een spons is heel eenvoudig.
Het heeft heel veel kleine gaatjes, die het water filteren.
Zo krijgen ze voedingsstoffen en zuurstofgas binnen.
Sponzen zitten vast op de bodem en kunnen zich niet voortbewegen.

Sponzen zijn niet veel veranderd in de loop van hun evolutie.
Ze hebben geen bloed, spijsvertering of zenuwen.

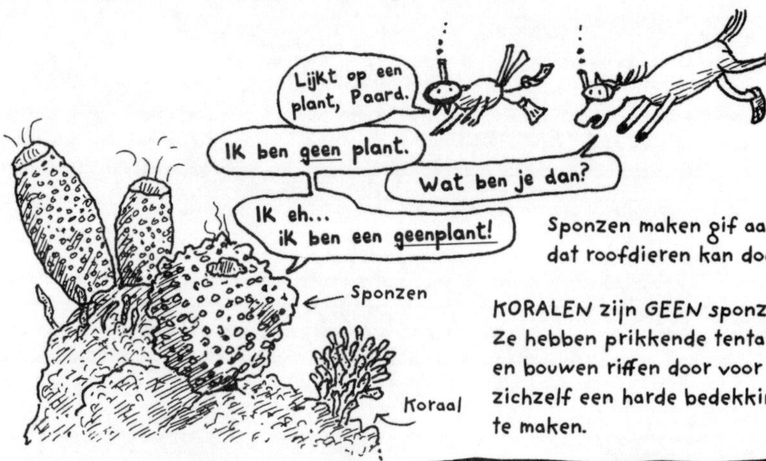

Sponzen maken gif aan dat roofdieren kan doden.

KORALEN zijn GEEN sponzen. Ze hebben prikkende tentakels en bouwen riffen door voor zichzelf een harde bedekking te maken.

FEITENVAKJE

Een ONGEWERVELDE is een dier zonder ruggengraat. Ze ontwikkelden zich eerder dan de gewervelden, dus sommige ongewervelden hebben geen geraffineerde organen en stelsels (zoals het zenuwstelsel, het bloedvatenstelsel of het spijsverteringsstelsel).
Sommige ongewervelden hebben een EXOSKELET, een harde bedekking aan de buitenkant van hun lichaam. Sponzen, neteldieren, weekdieren, wormen, stekelhuidigen en geleedpotigen zijn allemaal ongewervelden.

Kwallen, het kleurrijke koraal en zeeanemonen worden NETELDIEREN genoemd.

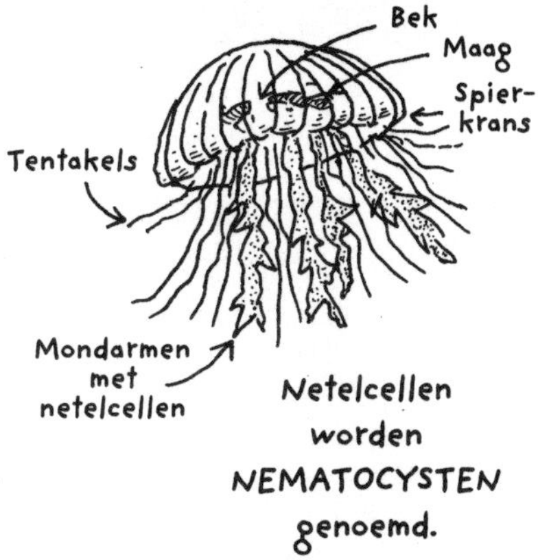

KWALLEN zijn zachte ongewervelde dieren die in de oceaan rondzweven.

Sommige zijn doorzichtig.

En sommige kunnen een scheikundige reactie teweegbrengen, waardoor ze lichtgevend worden, met prachtige kleuren.

Maar PAS OP, met het uiteinde van hun tentakels kunnen ze gemeen steken.

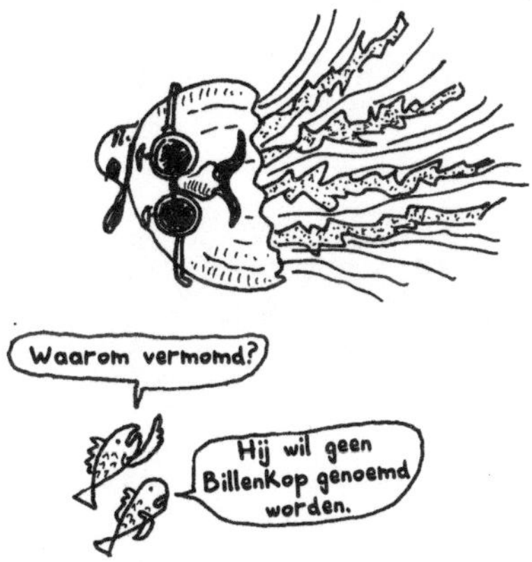

Onder het klokvormige lichaam van een kwal bevindt zich een soort maag.
Daar zit ook hun mond, die ook dienstdoet als achterste.

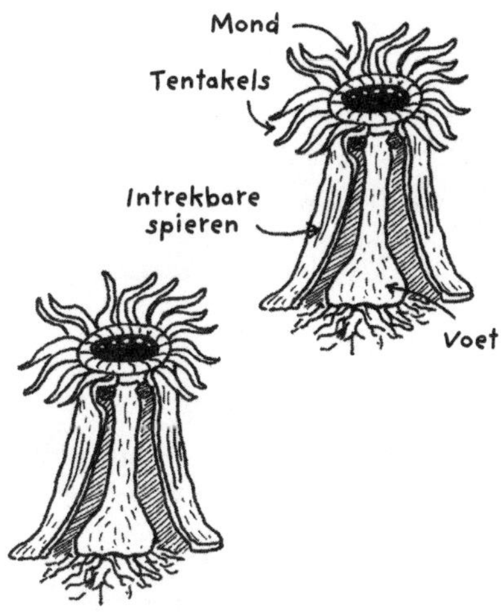

ZEEANEMONEN zijn prachtig.
Ze worden de bloemen van de zee genoemd. Maar het zijn ABSOLUUT dieren.

Ze vangen en eten krabben en vissen.
En sommige kunnen wel tot een meter breed worden.

WEEKDIEREN, AHOY!

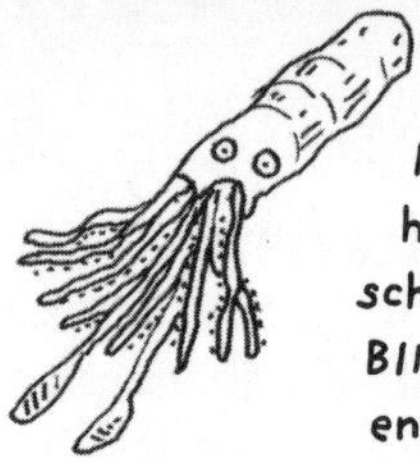

Inktvissen hebben een schelp AAN DE BINNENKANT en verdedigen zichzelf door inkt te spuiten.

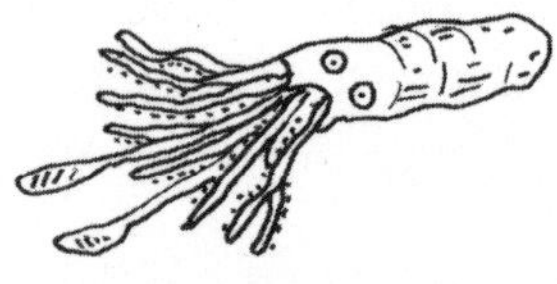

Bij de WEEKDIEREN die op het land leven, horen bijvoorbeeld slakken.
Mosselen, oesters, inktvissen en octopussen zijn waterweekdieren.

Hun zachte lichamen hebben vanbinnen of vanbuiten een SCHELP.

De eenvoudigste weekdieren hebben één gespierde VOET. Landslakken en naaktslakken maken SLIJM aan om die voet te beschermen, om ergens aan te blijven plakken en om niet uit te drogen.

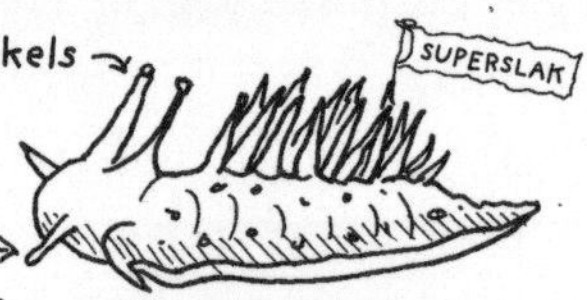

De meeste slakken hebben een schelp. Dat is een deel van hun lichaam. Ze kunnen er niet uit kruipen.

Bij landslakken bevat de schelp of het huisje organen, zoals hun longen.

Slakken hebben ogen op het uiteinde van hun tentakels. Maar geen oren.

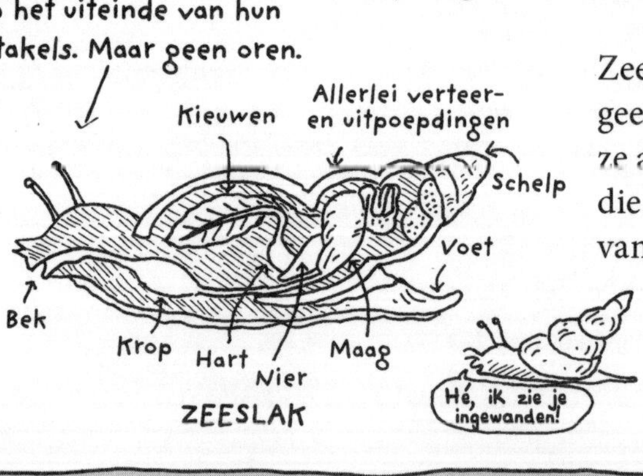

Zeenaaktslakken hebben geen longen nodig, dus ze ademen door kieuwen die in de buurt zitten van hun ACHTERSTE.

Octopussen zijn dappere zeejagers. Ze wonen in hun eentje in HOLEN, die ze versieren met dingen die ze vinden.
Ze vallen schelpdieren aan door er een gat in te boren, er gif in te spuiten of ze gewoon kapot te trekken en ze te verdoven met hun speeksel.

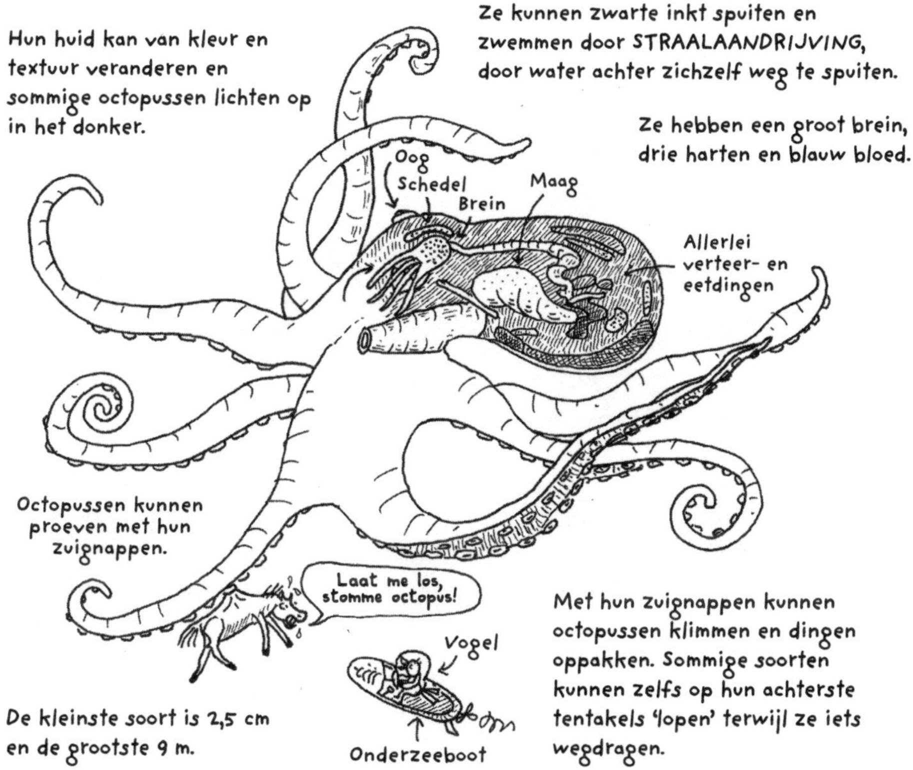

Over de hele wereld bestaan legendes over octopussen die zo groot zijn als een schip.

Misschien hebben die ooit bestaan, misschien moeten we ze nog ontdekken.

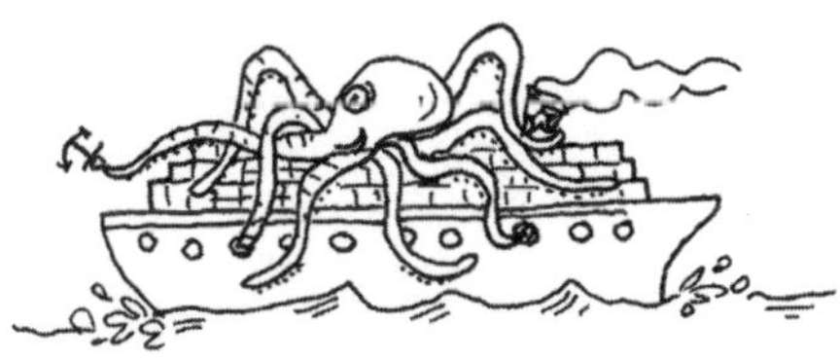

HALLO, WORMEN EN STEKELHUIDIGEN

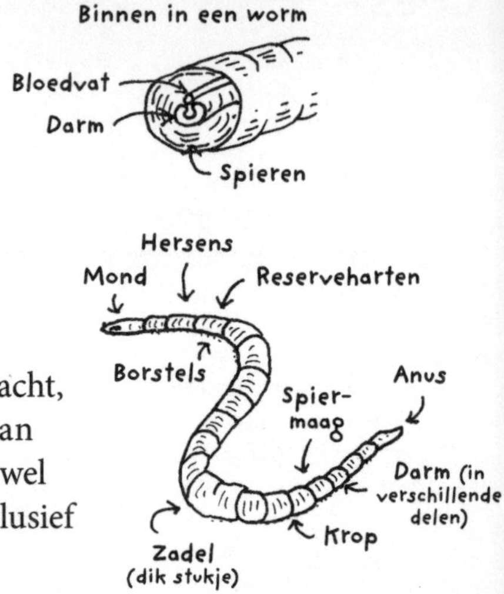

WORMEN hebben dan misschien een zacht, buisvormig lichaampje, en ze hebben dan misschien geen poten, maar ze hebben wel een kop, hersens, bloed en organen, inclusief vijf eenvoudige harten.
Goed gedaan, wormen!

De meeste wormen eten wat ze in het water of de grond vinden, maar SOMMIGE wormen leven IN andere dieren, soms zelfs in mensen.

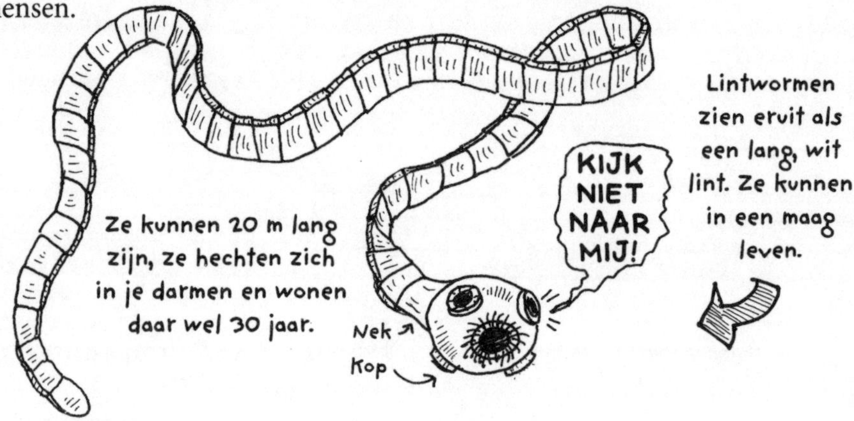

STEKELHUIDIGEN zijn zeesterren en zee-egels. Om zuurstofgas te krijgen pompen ze geen bloed maar water door hun lichaam. Ze hebben kleine zuignapvoetjes, op steeltjes. Zeesterren wringen de schelp van hun prooi open met hun poten, en braken dan hun maag erin uit. Daarna beginnen ze hun prooi levend op te eten.

GEGROET, GELEEDPOTIGEN

Een heremietkreeft is WEL een schaaldier, maar GEEN kreeft. Omdat ze geen beschermend exoskelet op hun rug hebben, moeten ze ergens een zeeschelp zien te VINDEN.

Je hebt in je leven al heel wat GELEEDPOTIGEN gezien.
Ze leven op het land, in het water en zelfs in de lucht. Ze hebben een exoskelet. En ze hebben een lichaam dat uit verschillende delen bestaat en aan elke kant evenveel poten heeft.

Klopt, geleedpotigen is dus gewoon een ander woord voor KRIEBELBEESTJES!

Spinachtigen, insecten en duizendpoten zijn allemaal geleedpotigen… en SCHAALDIEREN zoals kreeften en krabben zijn de KRIEBELDIEREN VAN DE ZEE.

Om te kunnen groeien moeten geleedpotigen hun COMPLETE exoskelet afwerpen.

Een krab beweegt zich meestal zijwaarts voort, maar er zijn ook krabben die voor- of achteruit lopen.

De grootste krab is de Japanse reuzenkrab. Zijn spanwijdte is 4 m.

Krabben 'praten' met elkaar door met hun scharen te zwaaien.

MEER KRIEBELDIERTJES!

Tot de SPINACHTIGEN horen spinnen, mijten, teken en schorpioenen. Hun achtpotige lijven hebben twee delen: het KOPBORSTSTUK met 8 poten en het ACHTERLIJF.

De meeste spinachtigen eten andere dieren, maar hun bek is niet heel groot. Ze moeten hun voedsel afbreken voor ze het kunnen opeten.

Spinnen spuiten gif in hun prooi om die te verlammen of te doden. Sommige spinnen verpakken hun prooi voor of na het doden in spinrag, en spuiten er dan verteringsvloeistof in.

Schorpioenen grijpen hun prooi vast met hun scharen en kauwen er dan op met hun hoektanden. Maar HUN gif bevindt zich in hun staartpunt.

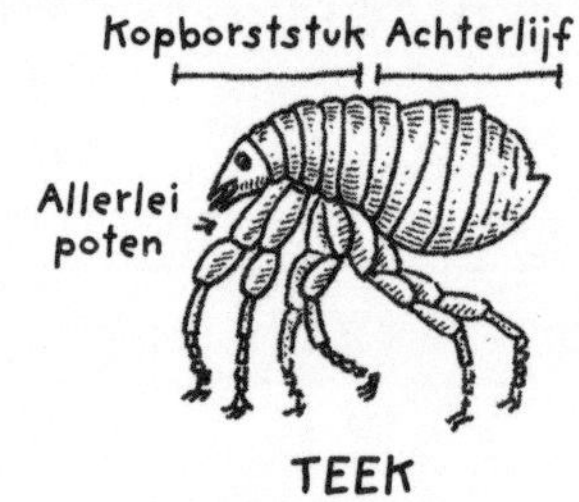

Teken en sommige mijten voeden zich met bloed. Een teek maakt een sneetje in de huid en steekt daardoor zijn zuigbuis naar binnen. Lekker! Is het al etenstijd?

Zo'n 75% van al het leven op aarde bestaat uit INSECTEN.

Ze zijn de enige ongewervelde dieren die kunnen vliegen.

Er zijn zoveel verschillende insectenSOORTEN, moeilijk voor te stellen dat ze tot dezelfde familie behoren.

Maar kijk eens van dichtbij. (Niet TE dichtbij, ze bijten.)

Dan zie je dat ze allemaal zes poten en een stel voelsprieten hebben, een exoskelet en een lijf dat uit drie delen bestaat.

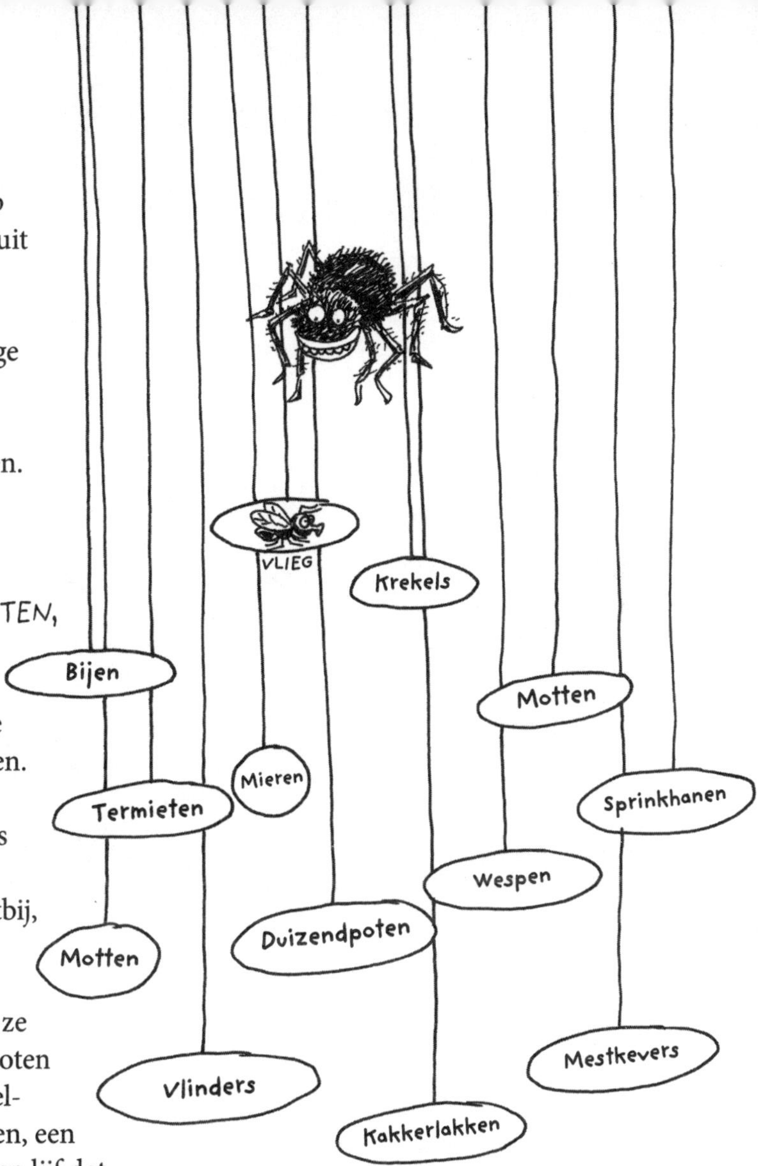

We noemen insecten ONGEDIERTE, maar als ze verdwenen zou de grond niet meer gezond zijn, zouden planten niet meer bevrucht worden, zouden dode dingen niet meer tot compost verwerkt worden en zouden andere dieren niets meer te eten hebben.

RARE INSECTEN-WEETJES

WESPEN kunnen zo klein zijn dat je ze nauwelijks kunt zien. Maar ze kunnen ook zo groot zijn als je hand. De meeste volgroeide wespen voeden zich met de nectar uit planten. Maar hun LARVEN eten ALLEEN MAAR dieren.

Wespen

De wespensoort die spinnendoder heet, steekt haar prooi en verlamt hem. Ze sleept de arme spin naar haar nest en legt er dan een ei bovenop.

Als de babywesp uit het ei kruipt, begint hij meteen te eten. En de spin wordt LEVEND OPGEVRETEN.

Sprinkhanen

Een SPRINKHAAN kan tot wel 16 keer zijn eigen gewicht aan planten eten.

KEVERS

KEVERS zijn anders dan andere vliegende insecten. Twee van hun vier vleugels zijn dekschilden waarmee ze hun kwetsbare vliegvleugels beschermen.

Motten

FEITENVAKJE

Insecten, neteldieren en amfibieën zien er niet in alle fases van hun leven hetzelfde uit. De meeste insecten leggen eieren, die uitkomen en larven worden. Een rups is het LARVENSTADIUM van een mot of een vlinder. Een made is het larvenstadium van een vlieg. Zodra een larve genoeg gegeten heeft, vervelt hij een paar keer, hij spint een klein zijden slaapzakje dat we een COCON noemen en verandert dan in een glimmende harde POP. Vanbinnen is hij dan in zijn volwassen verschijning aan het veranderen.

Een DUIZENDPOOT is een lang, gesegmenteerd geleedpotig dier. Sommige duizendpoten zijn bijna 40 cm lang. Ondanks hun naam hebben ze geen duizend poten. Sommige hebben er 30 en andere 400.

Een neushoorn is geen insect. Neushoorns hebben vier poten en dragen midden op hun kop een grote hoorn. Hun naam is dus niet zo vreemd. Maar helaas bestaat er niet zoiets als een duizendneushoornpoot.

Duizendpoten

Mieren

Mieren vind je overal, behalve op de Noord- en de Zuidpool.
Maar waarschijnlijk heb jij alleen maar de WERKMIEREN gezien. Dat zijn allemaal vrouwtjes en ze hebben geen vleugels. Mannetjesmieren hebben vleugels, net als de koninginnenmieren, maar de mannetjes leven niet veel langer dan een week.

Mieren mogen dan klein zijn, ze zijn heel sterk. Ze kunnen tot 50 keer hun eigen lichaamsgewicht tillen. En als ze samenwerken, kunnen ze nog zwaardere dingen aan.

Termiet

Termieten eten hout, dus ook ons huis. Het zijn GEEN mieren. Ze zijn meer verwant aan de kakkerlakken. Sommige soorten kunnen enorme heuvels bouwen van wel 30 m breed.

Termiet

Kakkerlakken

NOG RAARDERE INSECTENWEETJES

EEN CICADE
Eigenlijk is het een tekening van een cicade.

Het mannetje van de cicade zingt door een deel van zijn lijf te laten trillen. De larven van de cicade komen boven de grond uit en graven zich dan diep in om aan boomwortels te zuigen. Dan komen ze allemaal tegelijk aan de oppervlakte om volgroeid te raken en maken ze VEEL lawaai.

Bidsprinkhaan

Bidsprinkhanen zijn echte camouflage- en jachtninja's. Ze lijken op stokjes en bladeren, hebben scherpe voorpoten, heel sterke kaken om mee te kauwen en ze kunnen springen als een kat.

Ze vangen en eten zelfs kleine vogeltjes. Sommige lijken gewoon op bloemen. Insecten die denken dat ze komen om stuifmeel te halen, worden zelf opgegeten.

Vlinders

Alle dieren hebben een BEETJE zout nodig om te kunnen overleven. Maar ze kunnen geen zakje chips kopen. Sommige vlinders fladderen daarom naar beneden om de tranen van schildpadden op te drinken. Sommige drinken zelfs krokodillentranen. Dat heet LACHRYFAGIE.

Vliegen leggen eieren die als ze uitkomen maden zijn. Maden eten dood spul, zoals onafgedekt eten, afval, dode lichamen, en zelfs rottend vlees.

Ze hebben geen poten, maar ze hebben wel een bek met haakjes eraan.

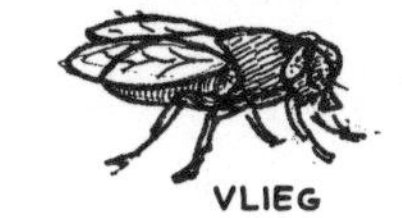

Vliegen proeven met hun poten. Ze braken spijsverteringssappen over hun eten en zuigen dat dan op door hun rietjesachtige bek.

GRAPPIG WEETJE: Vliegen en maden zijn allebei

SMERIG!!!

Maar zijn ze NOG smeriger dan kakkerlakken? Dat mag jij beslissen.

Kakkerlakken zijn in de laatste 200 miljoen jaar niet veranderd.
Wat al perfect is, moet je niet aanpassen.
Ze eten ALLES, maar ze kunnen ook een maand zonder eten.
Ze kunnen tot 20.000 jongen per jaar krijgen, ze kunnen hun adem 7 minuten lang inhouden, ze kunnen gevaarlijke straling overleven en bijna een week doorleven zonder hun kop.
Hun hobby is het dragen van bacteriën van de vuilnisbak naar jouw bureau.

BESTUIVING EN HONING

Een bijenkorf heeft een bijenkoningin, werksters (vrouwtjes) en darren (mannetjes). Alleen de koningin en de werksters hebben een angel. Bij de koningin komen de eitjes uit een opening aan de basis van de angel.

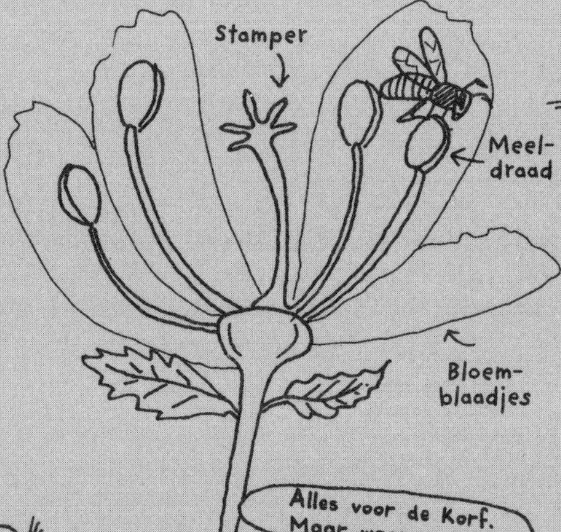

Maar als een werkster haar angel gebruikt om te steken, sterft ze. De koningin kan met haar angel meerdere keren steken.

Om vruchten of zaden aan te maken moet het stuifmeel van de MEELDRADEN van een bloem naar een STAMPER gebracht worden.

FEITENVAKJE

Een bijzondere band tussen twee organismen heet een SYMBIOSE. Als beide organismen er voordeel van hebben, dan heet het MUTUALISME. Als er maar één baat bij heeft, dan heet het COMMENSALISME. De derde soort ken je al, PARASITISME. Dat doen teken en lintwormen. Als er een parasiet en een gastheer is, dan is er altijd een van de twee organismen die onder de band lijdt.

Tussen bijen en planten bestaat een speciale relatie. Bloemen beginnen te geuren als ze klaar zijn om bestoven te worden. Bijen volgen die zoete geur en komen uit bij de bloem, omdat ZIJ het stuifmeel moeten verzamelen en naar de bijenkorf brengen. Terwijl ze van bloem tot bloem gaan, verliezen ze wat stuifmeel. Dat valt op de stamper en zo gebeurt de bevruchting. De plant kan zichzelf voortplanten.

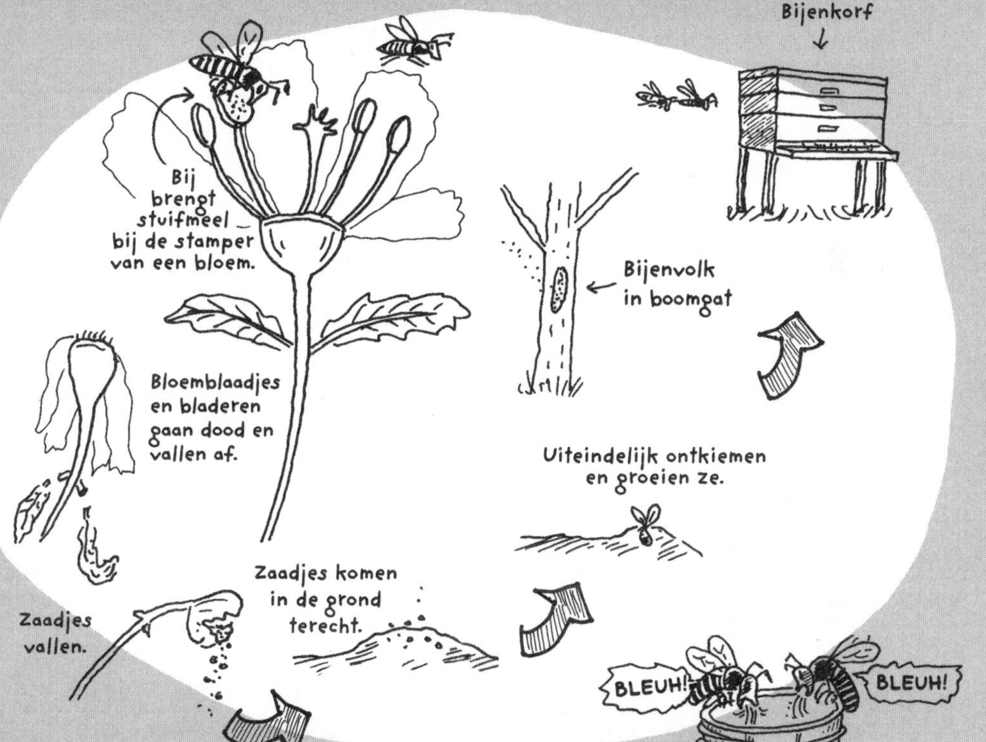

Wat is honing nu precies?
Van die vraag ga je spijt krijgen. Termieten bouwen termietenheuvels van hun uitwerpselen. Maar geen zorgen: honing is gemaakt om kleine bijtjes mee te voeden. Het is dus geen bijenpoep. Het is…

BIJENKOTS!!

DE VOEDSELKETEN

Als de ene plant of het ene dier een ander eet, noemen we dat de VOEDSELKETEN. Maar omdat dieren niet zomaar één soort voedsel tot zich nemen, is het eerder een ingewikkeld VOEDINGSWEB.

Spinnen en katten zijn CARNIVOOR.

Carnivoren kunnen alleen vlees eten. Planten kunnen ze niet verteren.

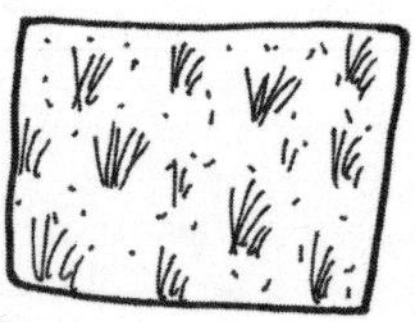

Neushoorns zijn HERBIVOOR. Ze eten alleen planten.

Een neushoorn DOODT jou wel vrolijk, maar hij eet je niet op. Dat laat hij over aan aaseters, zoals hyena's.

FEITENVAKJE

Planten produceren hun eigen voedingsstoffen in de fotosynthese. Ze leggen de energie van de zon vast in de stoffen die ze opbouwen. Sommige bacteriën halen de energie om stoffen op te bouwen uit chemische reacties. Organismen die zelf hun voedsel aanmaken, noemen we AUTOTROOF. Ze staan aan de basis van alle voedingsketens op aarde. Alle andere organismen zijn HETEROTROOF. De eters dus!

Honden eten alles wat ze in hun hongerige pootjes kunnen krijgen. Ze zijn OMNIVOOR, net als mensen (de meeste). Omnivoren kunnen zowel planten als dieren eten.

Boven aan elke voedselketen staat een TOPROOFDIER.
Er zijn geen natuurlijke roofdieren die een toproofdier eten.

De mens temde toproofdieren om te helpen bij de jacht, zoals de wolf en roofvogels.

Aalscholvers leven vooral in het wild. Maar in Japan en China worden ze getraind om vissen te vangen voor hun baas.

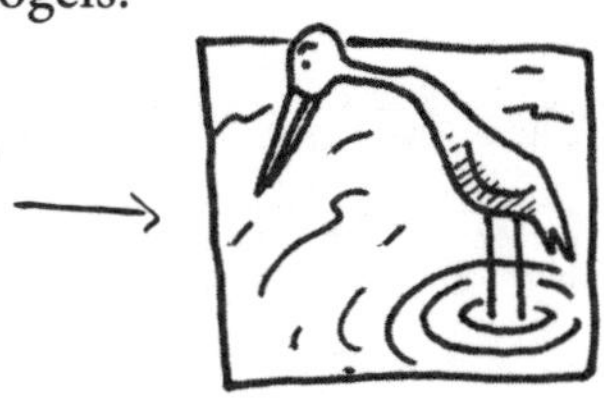

Door gereedschappen en slimme hulpmiddelen ben JIJ ook een soort toproofdier geworden, ook al zijn er heel wat roofdieren die jou best als middageten zouden willen hebben.

Maar er is één groep die zelfs de meest onverschrokken toproofdieren opeet. De REDUCENTEN.

Die breken afval en dood materiaal af en houden de hele voedselketen gaande. Zwammen en bacteriën, en dieren zoals aardwormen, kakkerlakken en maden mogen dan best smerig zijn, eigenlijk zijn ze de helden van de voedselketen!

VAN WIE IS DIE DROL?

Oké, en nu even SERIEUS over drollen.

ER ZIJN DIEREN DIE DROLLEN ETEN!

Die van zichzelf of van andere dieren.

Sommige insecten eten de drollen van grote dieren, omdat er nog heel veel onverteerd voedsel in zit. Mestkevers rollen al ongeveer 30 miljoen jaar dierendrollen voor zich uit.
Ze eten ze op en ze leggen er hun eieren in.

Konijnen hebben twee VERSCHILLENDE SOORTEN drollen. Slechts één van de twee kan gegeten worden, trouwens.

Sommige babydieren eten hun moeders drollen om nuttige bacteriën binnen te krijgen, bacteriën die ze zelf bij hun geboorte niet hebben.

Wombats hebben ZO'N BEETJE de vorm van een dobbelsteen. Hun achterste heeft dat niet. Toch zijn hun drollen de enige dobbelsteenvormige drollen ter wereld. Niemand weet hoe dat kan en waarom het zo is.

Je kunt aan de drollen van een dier zien van wie ze afkomstig zijn. En je kunt er ook aan zien wat ze gegeten hebben.

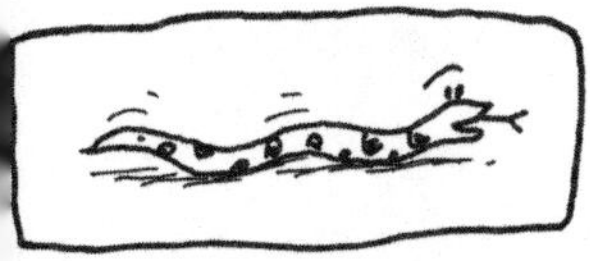

Slangen poepen niet veel, maar als ze dat wel doen, poepen ze ook hard geworden plas.

Omdat een slakkenlijf helemaal opgerold zit in zijn huisje, bevindt zijn achterste zich in zijn longen, net naast zijn kop.

Als beren hun winterslaap doen, gaan ze DIE HELE PERIODE niet naar de wc. Hoe kan dat? Wil je dat ECHT weten?

Ze likken hun vacht en hun lijf maakt dan een soort van harige afsluitdop.

Dat betekent dat ze, totdat ze in de lente weer gaan eten, niet KUNNEN poepen.

Veel dieren gebruiken drollen om hun territorium af te bakenen.
Grote katachtigen, zoals de leeuw en de tijger, willen andere roofdieren laten weten: hier ben ik.
Maar kleine katten zijn geen top-roofdier, dus die begraven hun drollen, om de geur te verstoppen.

SCHETEN LATEN

Bijna alle zoogdieren laten winden.
Luiaards lijken de enige zoogdieren te zijn
die dat niet doen. Maar die stinken
dan weer ECHT HEEL ERG uit hun bek.

Walvissen laten de grootste.
Zeehonden de smerigste.

Voor sommige vissen is winden laten een kwestie
van leven of dood. Als ze het niet doen, drijven ze
naar de oppervlakte en sterven.

Een zeekoe gebruikt zijn gas om te kunnen blijven drijven.
Als ze weer een eindje willen zinken, dan laten ze een scheet.

Er zijn elke dag zoveel minuscule termietenscheten, dat die allemaal
samen bijdragen aan de methaanvervuiling van de wereld.

* Hoe leuk zou het zijn
als dit waar was?

Sommige slangen gebruiken winden om vijanden af te schrikken, een soort scheetverdediging.

FEITENVAKJE

Als zoogdieren hun eten in hun darmen afbreken, komt er gas vrij. Dat wordt veroorzaakt door een bepaald type bacteriën dat nodig is om ons voedsel te verteren. Bij plantaardig voedsel komt er MEER gas vrij, maar bij het eten van vlees STINKEN de gassen meer. Hoe langer het spijsverteringskanaal van een dier is, hoe meer gelegenheid voor het produceren van gas. Octopussen en mosselen laten GEEN scheten. Vogels MISSCHIEN. We weten het gewoon niet zeker.

DIEREN ZIJN OVERAL

Herinner je je de beerdiertjes nog? Die zijn familie van de geleedpotigen.

Als er iets te lastig wordt voor ze, dan gaan ze in een soort winterslaap. Dat noemen we de TONSTADIUM. Ze stoten al het water in hun lichaam af en worden een tijdje een levenloos bolletje. Ze kunnen gevaarlijke straling overleven en zelfs de luchtledige ruimtekou.

Beerdiertjes, lintwormen, mossels en garnalen kunnen dicht bij het kokende water van vulkanische heetwaterbronnen leven.

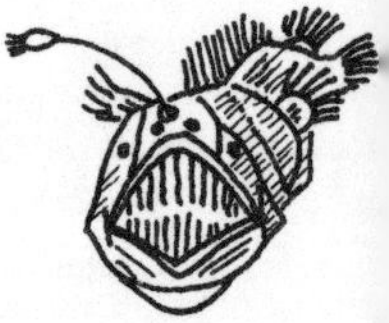

Dieren die in grotten zonder zonlicht wonen, zijn wit en hebben geen ogen. In het donker heb je geen kleur en geen zicht nodig.

Er zijn dieren die in de diepste diepte van de oceaan leven, daar waar heel veel druk is, de temperatuur bijna op het vriespunt is en enorm weinig zuurstofgas.

En er zijn dieren die OP en IN andere dieren leven.

Bevers hakken bomen om met hun tanden en bouwen er dammen en holen van modder en takken van.

Termieten graven tunnels met enorme heuvels erop. Ze bouwen er zelfs hoge schoorstenen in, zodat de warme lucht eruit kan.

Sommige holen van dieren zijn krankzinnig en fantastisch.

ZWEMMEN MET FANTASTISCHE VISSEN

HAAIEN en VISSEN waren de eerste gewervelde diersoorten. Ze leven en ademen onder water door hun kieuwen.

Niet ALLE vissen hebben schubben. Sommige zijn bedekt met SLIJM.

Haaien en roggen zijn vissen,
maar het verschil is groot.
Hun skelet is gemaakt
van iets wat KRAAKBEEN heet.
En vissen zijn benig.

Roggen hebben platte lichamen
en een stekel op hun staart.

Maar haaien zijn de toproofdieren van de oceaan.
Ze zijn heel slim, en ze hebben sterke kaken en lange rijen tanden om jou mee aan stukken te scheuren.

Sommige haaien leggen geen eieren. Ze baren levende jonkies.
Zandtijgerhaaien zijn zelfs al roofdieren voordat ze geboren worden.
Ze eten hun broertjes en zusjes op tot zij als enige over zijn.

FEITENVAKJE

Een GEWERVELD DIER heeft een RUGGENGRAAT van kraakbeen of van bot, dat het ruggenmerg beschermt. Kraakbeen is niet zo hard als bot. Het is buigzaam en zorgt voor soepele verbindingen. Voel maar aan je oor. Dat is van kraakbeen gemaakt. BOT heeft een harde buitenste laag en een sponsachtige binnenkant met bloedvaten, zenuwen en beenmerg. Vissen, amfibieën, reptielen, vogels en zoogdieren zijn allemaal gewervelden.

De meeste vissen, zelfs palingen, zijn STRAALVINNIGE vissen. Hun vinnen bestaan uit huid die over bot gespannen is.

De sidderaal maakt een sterke elektrische stroom aan in zijn lichaam. Die gebruikt hij om zijn prooi op te sporen en dan te verdoven.

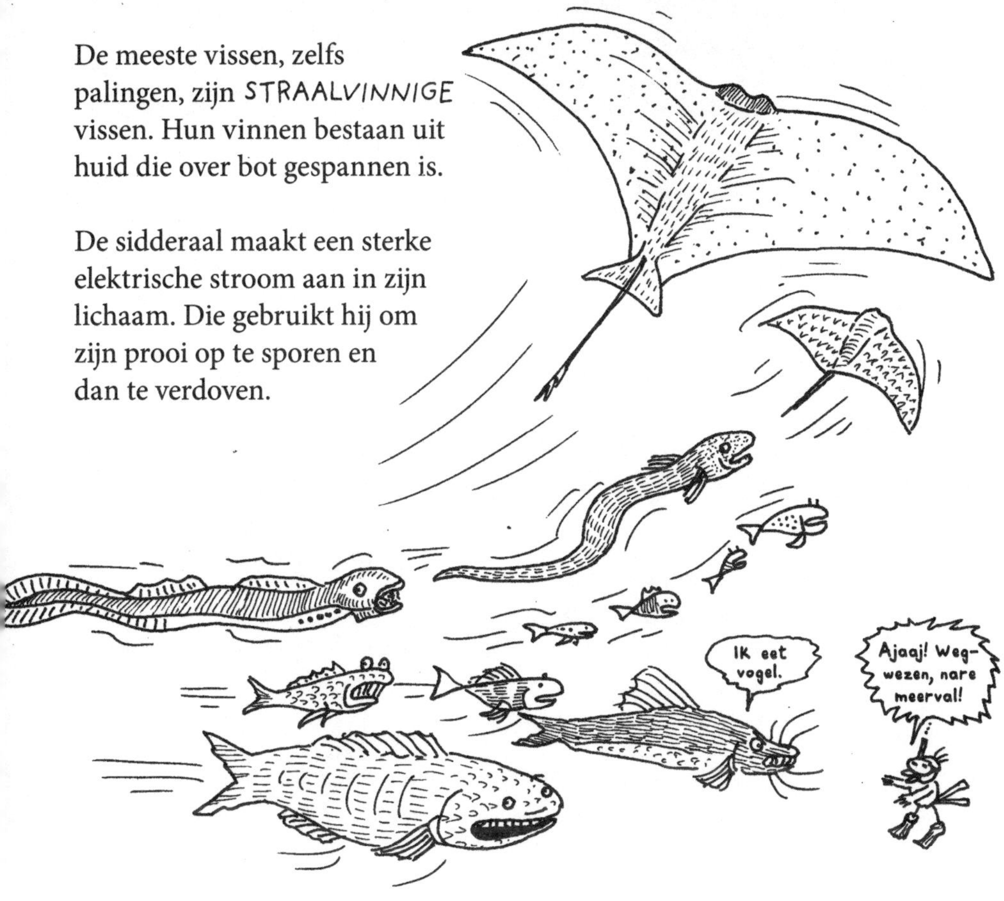

Sommige meervallen hebben BAARDDRADEN, lange snorharen vlak bij hun bek waar smaakpapillen in zitten.
Maar sommige meervallen kunnen proeven met hun HELE LIJF.

Zeepaardjes lijken niet op vissen. Maar dat zijn ze wel. Het zijn geen grote zwemmers, dus haken ze zich met hun staart ergens aan vast.

VERBLUFFENDE AMFIBIEËN

In het Grieks betekent het woord AMFIBIE 'leidt twee levens'. En dat is precies wat padden, kikkers, salamanders en watersalamanders doen.

Als baby zagen we er allemaal anders uit dan nu. Maar als amfibieën jong zijn, hebben ze kieuwen en zijn het net vissen. Als ze ouder worden, krijgen ze longen en vier poten.

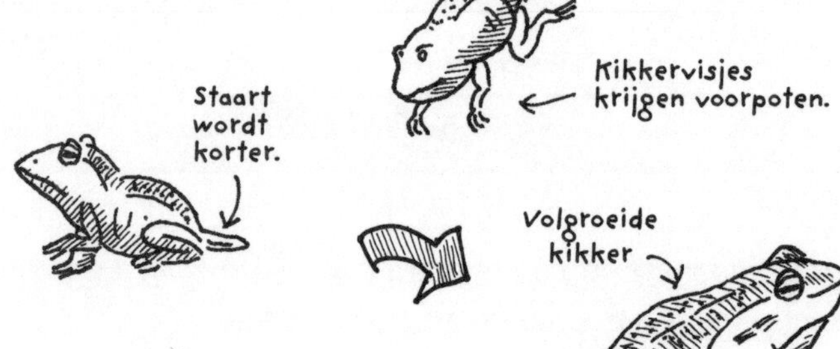

Amfibieën maken normaal gesproken geen cocons of poppen, zoals insecten, maar hun METAMORFOSE is net zo verbluffend.
Als volgroeide dieren ademen amfibieën lucht in. Maar hun huid moet altijd nat blijven. Ze kunnen niet te ver uit de buurt van hun natte thuisplek gaan.

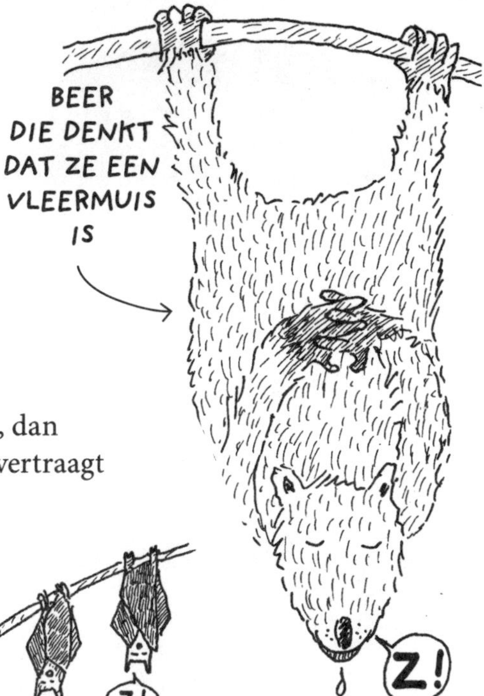

Vissen, amfibieën en reptielen zijn KOUDBLOEDIG. Als het buiten vriest, dan worden ze even koud. Hun lichaam vertraagt gewoon.

Maar sommige kikkers doen in de winter meer dan gewoon slapen. Ze bevriezen, en ze houden helemaal op met ademen. Hun hart stopt met kloppen. Ze LIJKEN dood, maar in de lente worden ze gewoon weer wakker.

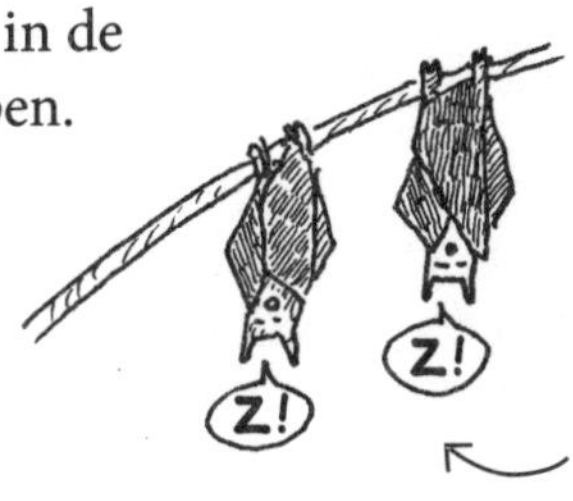

FEITENVAKJE

Sommige dieren slapen ook als het koud is, ook al zijn ze warmbloedig. Vleermuizen gaan ondersteboven hangend in WINTERSLAAP en al hun lichaamsfuncties gaan op een laag pitje. De winterslaap van beren is net weer wat anders, maar beren slapen wel heel lang en heel diep. Om te overleven moeten ze, voor het winter wordt, zorgen dat ze lekker dik zijn. Er zijn ook sommige vogels die hun hart en ademhaling vetragen om een korte periode van kou te overleven.

ROEMRUCHTE REPTIELEN

Slangen, krokodillen, alligators, hagedissen en schildpadden hebben allemaal longen en ze ademen allemaal lucht in. Deze gewervelden werpen hun schubben soms samen met hun hele huid af.

Het GROOTSTE reptiel is de 6 meter lange zoetwaterkrokodil. Deze krokodillen vallen hun prooi aan vanuit het water. En ze kunnen grote dieren doden door ze om te rollen en te laten verdrinken.

Het kleinste, schattigste reptiel is een kameleon. Kameleons hebben aan elke klauw maar twee 'vingers'. En ze kunnen hun huidskleur aanpassen.
Ze hebben een handige staart om dingen mee vast te grijpen en een kleverige tong om hun voedsel mee te vangen.

Sommige dingen die reptielen kunnen doen, zijn absoluut raar. Waterschildpadden brengen de winter door in dichtgevroren vijvers, maar ze moeten dan nog altijd ademhalen, ze kunnen niet bevriezen, zoals een kikker doet. Gelukkig hebben ze speciale bloedvaten in hun achterste die zuurstofgas uit het water op kunnen nemen. Dat heet CLOACA-ADEMHALING.

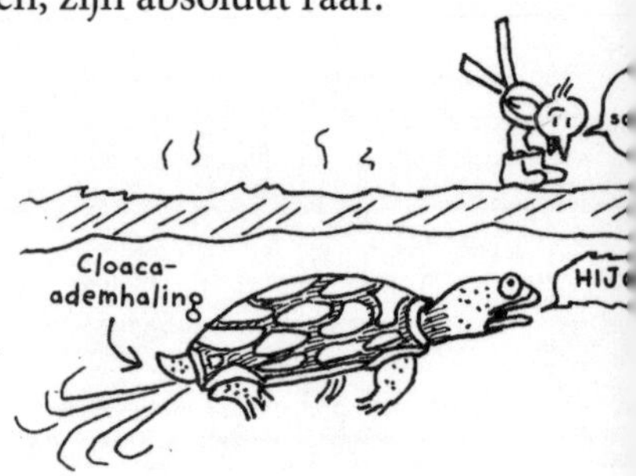

FEITENVAKJE

Koudbloedige dieren worden warmer of kouder naargelang hun omgeving warmer of kouder is. Om op te warmen moeten ze in de zon gaan liggen. Om af te koelen moeten ze in koud water zijn. WARMBLOEDIGE dieren gebruiken de energie in hun lichaam om zichzelf warm te houden. Bovendien kunnen ze BIBBEREN: hun spieren laten trillen, waardoor die opwarmen. En ze kunnen HIJGEN om niet oververhit te raken. Zoogdieren kunnen ook zweten, waardoor ze afkoelen.

EIER-FEITJES

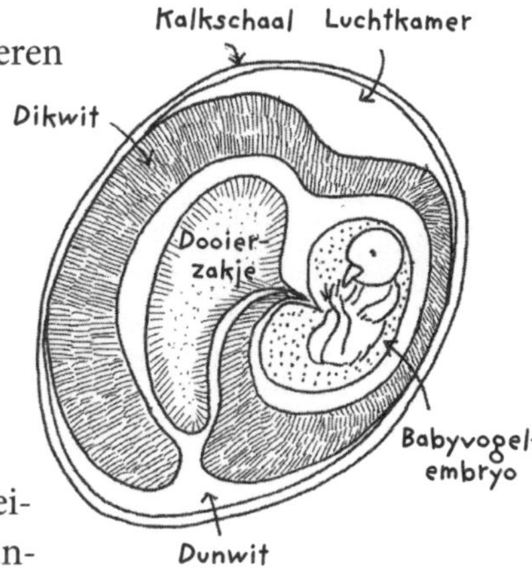

Reptieljongen beginnen als ei. Reptieleieren zijn zacht en hebben een leerachtige schaal. Gewoonlijk worden ze ingegraven. Moeder blijft daarna meestal niet in de buurt. Krokodillenmoeders doen dat trouwens wel. Dus KOM NIET AAN KROKODILLENEIEREN.

De eierschalen van reptielen, vogels en eileggende zoogdieren zijn waterdicht. Vanbinnen beschermt een zakje vloeistof het EMBRYO.

Eieren van amfibieën bevatten geen vloeistof, dus die moeten in het water gelegd worden.

Levende baby's baren komt bijna niet voor. De meeste diersoorten leggen eieren.

Vissen leggen MASSA'S kleine eitjes. Een paar vissensoorten dragen de eitjes tot aan het uitkomen rond in hun bek. Zeepaardvaders dragen de eieren in een brocdbuidel.

Sommige spinnenmoeders dragen hun eitjes met zich mee op hun rug. En er zijn ook een paar insecten, zoals oorwormen, die voor hun eitjes blijven zorgen.

GEVAARLIJKE DIEREN

De mens staat alleen maar bovenaan in de voedselketen omdat we samenwerken, andere dieren temmen en gereedschap gebruiken. Maar veel dieren zijn geboren met ingebouwde wapens.

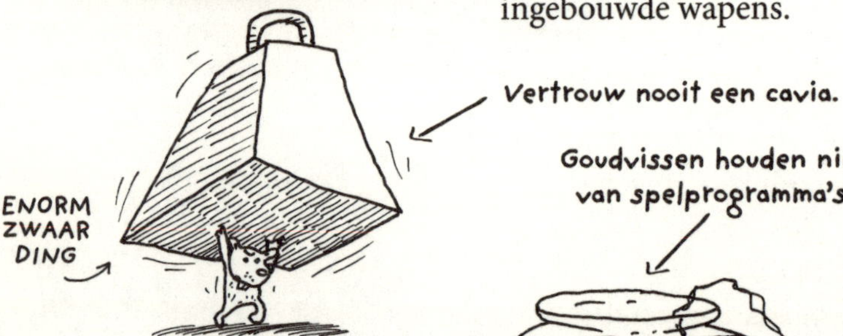

KWAAIE CAVIA
(die kan smijten met ENORM ZWARE DINGEN)

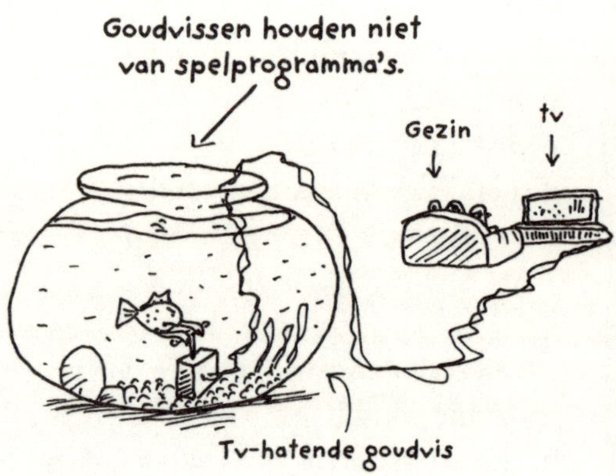

En dat zijn echt niet altijd scherpe tanden en klauwen.

Nijlpaarden lijken dik en lief, maar ze zijn ook HEEL GROOT en flink agressief.

Ook al zijn het planteneters, toch zijn ze de dodelijkste landdieren ter wereld. Ze kunnen een krokodil doormidden bijten.

De witte neushoorn is net zo groot en nog zwaarder (en verwarrend genoeg is hij grijs). Zijn huid is net een harnas, en zijn enorme hoorn is behoorlijk eng.

In een eerlijk gevecht zou een neushoorn een nijlpaard KUNNEN verslaan. Maar nijlpaarden leven in groepen, en ze liggen onder water op de loer.
Je ziet ze niet, maar als je ze stoort dan GA JE ERAAN!

* SPINNENTAAL VOOR

SPINNEN AAN DE MACHT!

Spinnen denken graag dat ZIJ de gevaarlijkste schepsels zijn. Maar er bestaan zelfs vogels die giftig zijn als je ze aanvalt of opeet. Kraanvogels niet. Dat zijn de grootste vliegende vogels, maar ze zijn ongevaarlijk.

De vogel die bergpitohui heet, neemt het gif op uit de giftige insecten die hij eet en gebruikt het als afweer.

Sommige vissen en zeeschildpadden kunnen zichzelf ook giftig maken. Ze eten giftige algen, koraal en kwallen.

De reuzenpad maakt in zijn eigen lichaam een ongelooflijk gevaarlijk gif aan.

DIEREN DIE JE NIET MOET ETEN!

Het zwart-wit gevlekte patroon van de huid van de pijlgifkikker is heel mooi, maar in feite is het een waarschuwingssignaal.

EN DE DODELIJKSTE IS…

De kubuskwal wint de gouden medaille voor het allergiftigste dier. Van het gif van die kwal ga je ONHERROEPELIJK dood.
Maar het gif is zo PIJNLIJK dat je waarschijnlijk meteen een hartstilstand krijgt, of in shock raakt en verdrinkt.

Giftige zoogdieren zijn zeldzaam, maar er zijn er wel een paar.
Dit lieve pluisdiertje is de plompe lori. Zo SCHATTIG. Maar zowel zijn zweet als zijn speeksel is giftig. En als de plompe lori die twee dingen combineert… dan wordt het nog veel ellendiger.

ROOF-PLANTEN

Iedereen weet dat sommige planten giftig zijn. Maar planten kunnen ook jagers zijn. Om energie te krijgen gebruiken ze net als andere planten fotosynthese, maar ze halen ook voedingsstoffen uit hun prooi. In gebieden waar de bodem te dun of niet vruchtbaar genoeg was, ontwikkelden zich verschillende vleesetende planten.

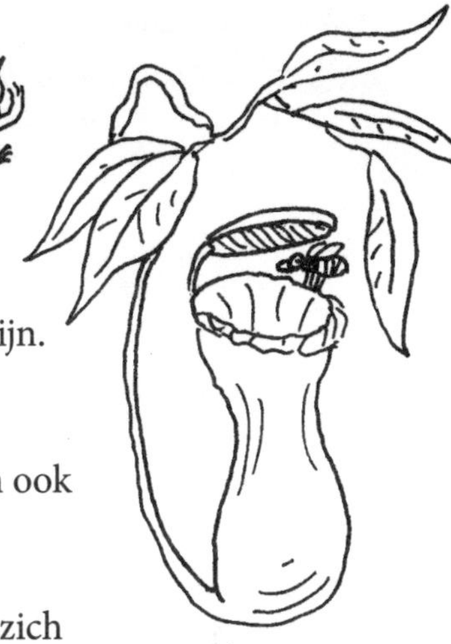

Venus-vliegenvanger

De bekerplant vangt meestal insecten, maar hij kan zelfs ratten vangen.

En de venusvliegenvanger eet niet enkel vliegen. Er zijn ook exemplaren gevonden met een kikkerskelet erin.

FEITENVAKJE

GIFTIG betekent meestal dat iets gevaarlijk is als je het aanraakt of doorslikt. Maar het kan ook betekenen dat je gestoken of gebeten kunt worden. Tijgerslangen en blauwgeringde octopussen zijn uitslovers, omdat ze het allebei zijn: giftig doordat ze bijten of steken en giftig als ze aangeraakt worden.

VERRUKKELIJKE VOGELS

VOGELS zijn warmbloedige gewervelden met snavels en veren. Ze leggen eieren met een harde schaal. Met hun veren houden ze zichzelf warm en ze kunnen ermee vliegen. Maar ook als ze NIET kunnen vliegen hebben ze veren.

Sommige vogels, zoals pinguïns, 'vliegen' onder water. Door hun waterbestendige veren blijven ze warm en droog.

Flamingo's zijn prachtig roze. Dat komt omdat ze algen en kleine schelpdiertjes eten, waardoor ze een oranje stofje binnenkrijgen dat bètacaroteen heet.

Vogels hebben een uniek strottenhoofd dat andere dieren niet hebben. Sommige vogels kunnen ALLE geluiden imiteren, zelfs de geluiden van andere dieren. En elke zangvogel heeft weer een eigen wijsje.

FEITENVAKJE

Veel vogels vermijden de winter door naar warmere oorden te vliegen. Dat heet de VOGELTREK. De noordse stern is houder van het afstandsrecord. Die vliegt het grootste deel van het jaar, steeds op weg tussen de Noord- en de Zuidpool. Ook bepaalde vlinders en rendieren trekken. Die laatste vliegen natuurlijk NIET. Behalve dan om op kerstavond cadeautjes te bezorgen.

Veel vogels eten enkel zaden en fruit.
Maar de meeste vogels zijn omnivoor.
Sommige eten zelfs andere vogels.

Vogels hebben PIEPKLEINE hersentjes. Maar die bevatten wel HEEL VEEL zenuwcellen. Ze zijn SLIM.

De grijze roodstaartpapegaai is zo slim dat hij honderden woorden kan leren en begrijpen.

Het is niet moeilijk om te zien dat vogels afstammen van dinosaurussen. Uilen eten hun volledige prooi op. Daarna braken ze balletjes uit met botjes en haren erin.

Roofvogels hebben gekromde snavels en scherpe klauwen om het vlees uit elkaar te kunnen trekken.
De secretarisvogel STAMPT zijn prooi dood.
En raad eens wat het lievelingshapje van de apenarend is?

SUBLIEME ZOOGDIEREN

Zoogdieren zijn warmbloedig. De moederdieren zogen hun jongen met melk die ze in hun lichaam zelf aanmaken.
Zoogdieren ademen lucht in en ze hebben haar (zelfs een walvis heeft haar voor hij geboren wordt).

Sommige zoogdieren zwemmen, andere glijden, nog andere rennen en springen, maar alleen vleermuizen kunnen vliegen.
Zoogdieren hebben scherpe of stompe tanden, afhankelijk van wat ze eten. Walvissen hebben helemaal geen tanden.

Alle zoogdieren begonnen met vier poten. De walvissen en de dolfijnen hadden die niet nodig, dus ze evolueerden zonder poten.
Zoogdieren hebben aan het uiteinde van hun ledematen klauwen, nagels of hoeven.

ALLE zoogdieren hebben longen. Zelfs dolfijnen moeten naar de oppervlakte zwemmen om adem te halen door het BLAASGAT boven op hun kop.

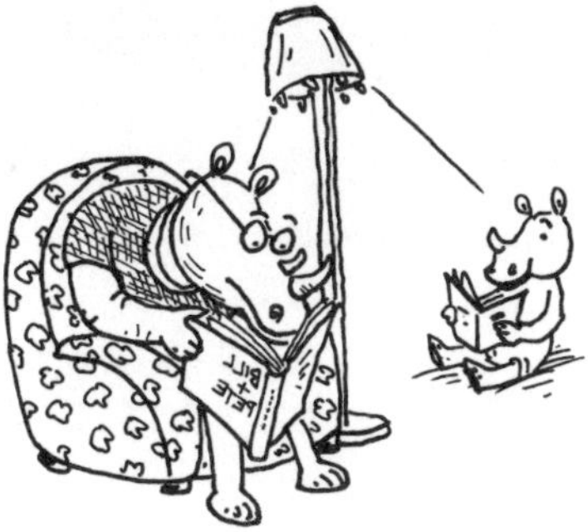

Sommige zoogdieren hebben HOORNS. Maar niet alle hoorns zijn hetzelfde. Neushoornhoorns zijn gemaakt van keratine. Net als jouw nagels. De hoorn groeit hun hele leven door.

Mannetjesherten hebben een GEWEI dat van dood bot is gemaakt. Dat werpen ze elk jaar af. En bij giraffes groeien er onder hun huid alleen maar kleine botachtige bulten.

De SLAGTANDEN van een olifant LIJKEN op hoorns. Maar het zijn natuurlijk gigantische tanden. De slagtand van een narwal is heel lang en spits. De narwal wordt ook wel de eenhoorn van de zee genoemd.

Elke zoogdierensoort heeft ook een aantal unieke GELUIDEN. Knorren, spinnen, blaffen en hinniken… Behalve giraffes, die zijn stil. Narwallen en eenhoorns fluiten en klikken.

Apen klinken het meeste als wij. Ze kletsen met geluiden die op zinnetjes lijken. Chimpansees, die op andere gebieden nog meer op ons lijken, gebruiken meer gebaren dan geluiden.

Brulapen zijn de allerluidste landdieren.

FEITENVAKJE

Er zijn drie hoofdsoorten zoogdieren. BUIDELDIEREN dragen hun jongen in een buidel, SNAVELDIEREN leggen eieren en BAARMOEDERZOOGDIEREN dragen hun jong binnen in hun lichaam in de baarmoeder. Zoogdieren als het paard kunnen direct na hun geboorte lopen en voedsel zoeken, terwijl mensenbaby's hulpeloos zijn. Alle zoogdiermoeders blijven wel na de geboorte voor hun jongen zorgen.

4

HET HEELAL IN JOU

WAT ZIT ER IN JOU?

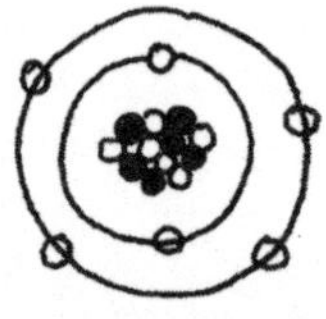
Koolstofatoom

Je lichaam bestaat uit heel veel onderdelen*:

- [ ] Een hersenpan
- [ ] Hersens
- [ ] Gedachtes
- [ ] Een aap
- [ ] Een pompding (hart)
- [ ] Een ademding (longen)
- [ ] Een lever
- [ ] Een stuur
- [ ] Twee nieren
- [ ] Een motor
- [ ] Tien vingers (waaronder duimen)
- [ ] Tien tenen
- [ ] Eén tong
- [ ] Twee stukken taart
- [ ] Een paard
- [ ] Een lange darm met allerlei bobbelige dingen eraan
- [ ] Een achterste
- [ ] Een reserve-achterste
- [ ] Een paar edele delen
- [ ] Twee benen
- [ ] Twee armen
- [ ] Nog zeven benen
- [ ] Een enorm stuk kaas
- [ ] Beenbotten
- [ ] Ogen (twee)
- [ ] Lippen (twee)

* Sommige dingen op de lijst kloppen niet helemaal.

Jij bent een gewervelde.
Slechts 2% van de dieren is gewerveld, dus jij bent ZELDZAAM.

Gewervelden ontwikkelden een geweldig brein, zenuwstelsel en geraamte. En dat van jou is een van de geweldigste in het dierenrijk.

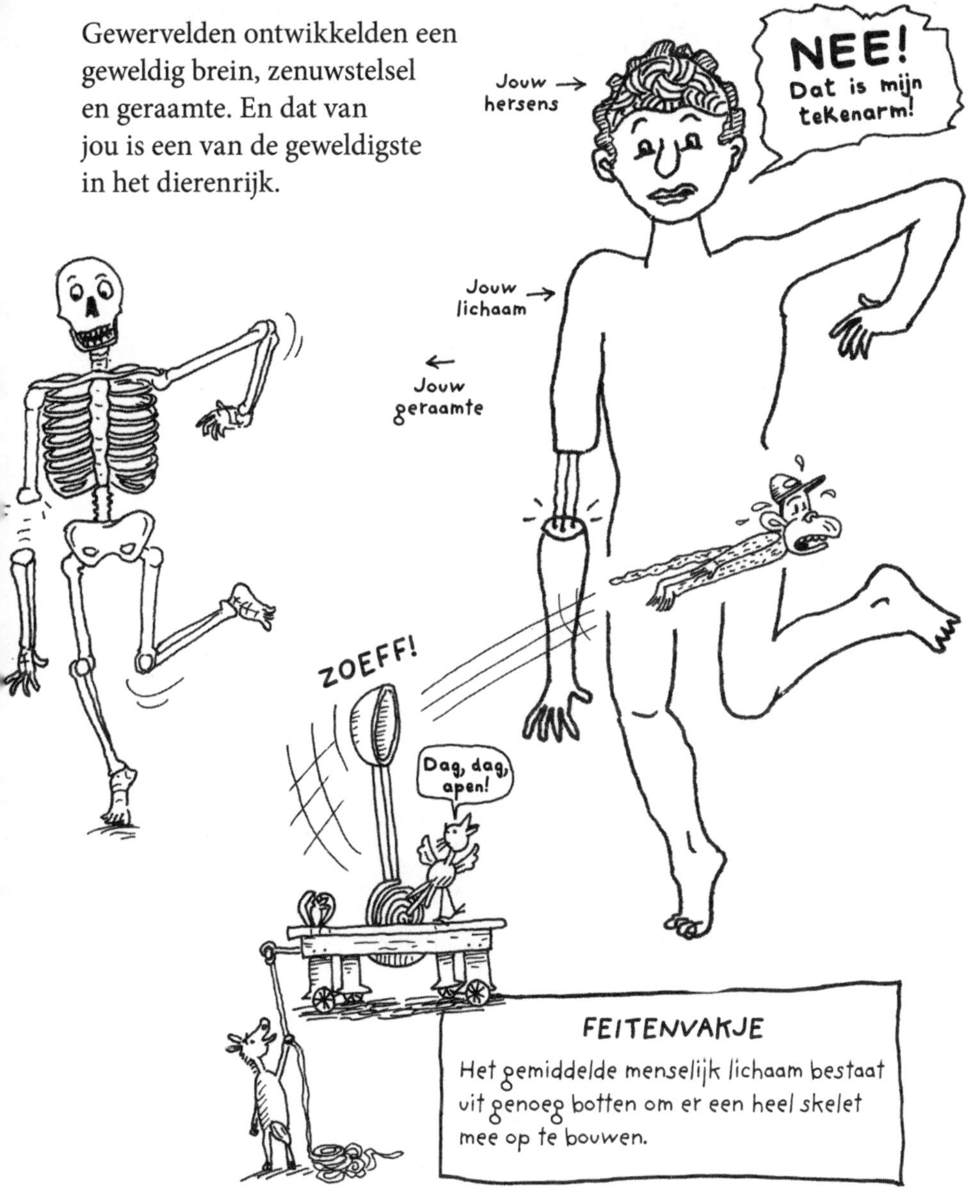

FEITENVAKJE

Het gemiddelde menselijk lichaam bestaat uit genoeg botten om er een heel skelet mee op te bouwen.

EVEN TER HERINNERING:
Het heelal is alles om jou heen, boven jou, en

JIJ BENT HET OOK ZELF...

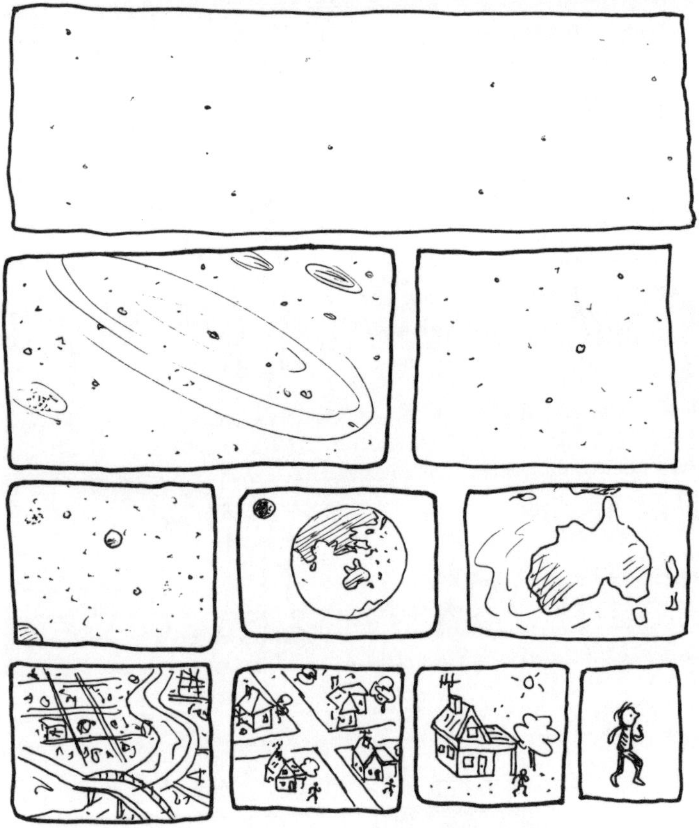

Het universum BUITEN jou is **GROOT.**

ENORM GROOT.

Maar het deel van het universum dat jij BENT, is

NET ZO GROOT!

Zwaartekracht, wrijving, magneetkrachten plus de wetenschappelijke wetten die het heelal bijeenhouden: ze oefenen allemaal hun invloed uit op en in jouw lichaam. Net als elektriciteit, het veranderen van materie en het scheikundige samengaan en uiteengaan van moleculen... Dat gebeurt ook allemaal in jou.

Voor de kleine deeltjes waar jouw lichaam uit bestaat, ben jij

ENORM.

Ook al is het deel van het universum dat jij bent

ONEINDIG KLEIN!

Vogel en Paard zijn gekrompen tot ze niet groter waren dan een boontje en nu gaan ze de wonderen van het menselijk lichaam ontdekken.

De kleinste deeltjes van het lichaam die je kunt kennen en benoemen, zijn de deeltjes die we alleen maar met onze beste microscopen kunnen zien.

En zelfs het eenvoudigste leven bevat vanbinnen nog de meest geweldige werelden.

Jij bent een ENORM HEELAL van cellen die gemaakt zijn van moleculen, die gemaakt zijn van ongeveer 7.000.000.000.000.000.000.000.000.000 atomen, die gemaakt zijn van nog HEEL VEEL MEER subatomaire deeltjes.

En vergeet niet dat elk atoom uit jouw lichaam miljarden jaren oud is. Jouw waterstofatomen ontstonden tijdens de OERKNAL.

RESERVE-ONDERDELEN

Als je een arm of een been kwijtraakt, doet je lichaam het nog steeds. Maar niet als je je hart of je longen kwijtraakt.

Als je daar een reserve-onderdeel voor nodig hebt, dan moet je dat van *IEMAND ANDERS* krijgen.

Dokters kunnen sommige onderdelen van je lichaam door een apparaatje vervangen, zoals een PACEMAKER die je hart aan de gang houdt. Of een machine buiten je lichaam, die je bloed schoonmaakt, iets wat de nieren normaal gesproken doen.

Je kunt je hersens absoluut *NIET* vervangen.

TEKENING DOOR PAARD
van een vliegtuig met menselijke lichaamsdelen

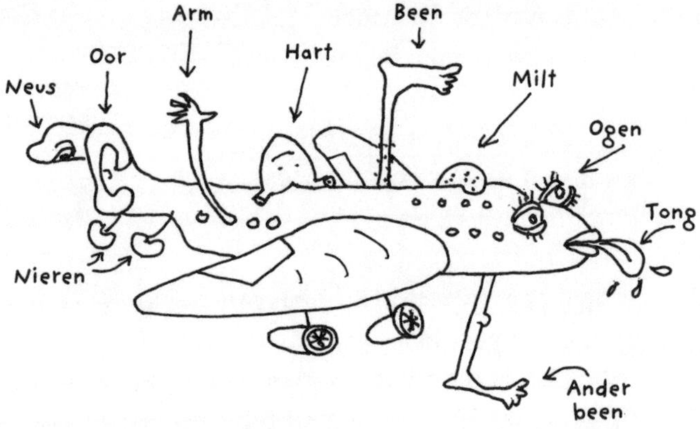

FEITENVAKJE

Het gemiddelde vliegtuig bevat nul menselijke onderdelen. Maar KUNSTMATIGE LEDEMATEN worden van hetzelfde lichte, sterke metaal en van dezelfde kunststoffen en koolstofvezels gemaakt als vliegtuigen. En er wordt gebruikgemaakt van 3D-printers om vervangende cellen en zelfs vervangende organen te maken. Dus ooit zal het vast veel makkelijker worden om onze lichamen te repareren, als dat nodig is.

Een nagedis kan zijn staart terug laten groeien. Salamanders kunnen dat zelfs doen met delen van hun hersens. Wij kunnen maar een paar onderdelen terug laten groeien, zoals onze huid en delen van onze lever. En het kan niet als ze helemaal verdwenen zijn. We kunnen bijvoorbeeld wel zonder een DEEL van onze longen overleven, maar het ademen wordt moeilijker.

Je hersens en je ruggenmerg vormen samen je CENTRAAL ZENUWSTELSEL.

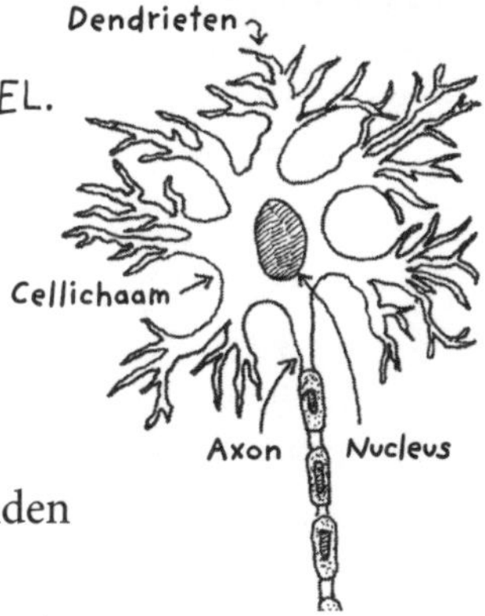

Boodschappen, die we zenuwimpulsen noemen, verplaatsen zich door heel ons lijf en langs het ruggenmerg tussen ons lichaam en onze hersens. ZENUWCELLEN (soms NEURONEN genoemd) verzenden en ontvangen elektrische signalen.

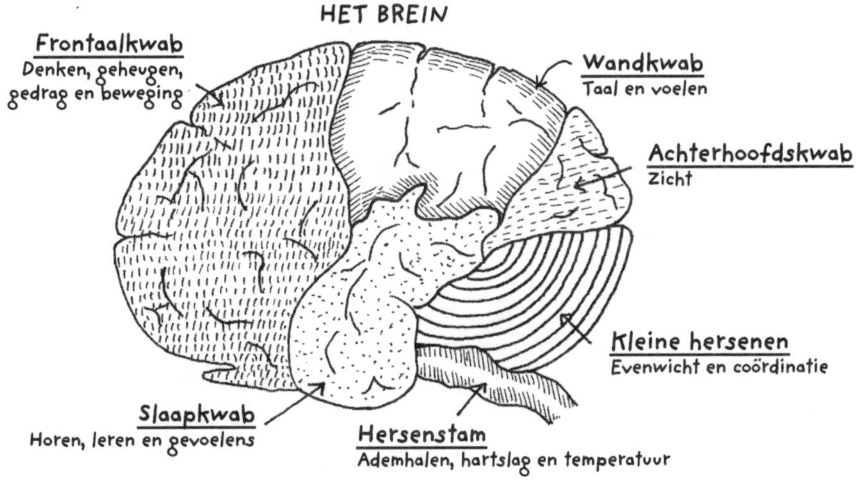

Zelfs PIJN is niets meer dan een elektrisch signaal. Meestal is het een waarschuwing dat er iets aan de hand is, maar dat is bij iedereen anders.
En er BESTAAN mensen die GEEN pijn kunnen voelen, of die juist altijd pijn voelen.

SPIEREN CONTRA VET

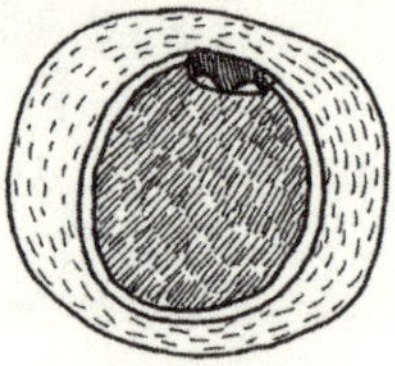

Vetcel

Je zou denken: spieren zijn goed en vet is slecht.

Maar VET brengt een beschermlaagje aan in je lichaam, en het houdt je warm. Het doet nog meer belangrijke dingen: vitamines en energie bewaren.

Vroeger was het MOEILIJK om aan eten te komen. Als je een tijdje niet kon eten, zou je je vet dankbaar zijn.

SKELETSPIEREN trekken aan je botten om ze te laten bewegen.

De HARTSPIER zet je hart in werking.

Om de organen in je lichaam heen bevindt zich SPIERWEEFSEL.

Spiercel

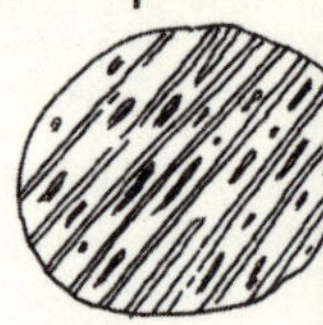

SPIEREN zijn gemaakt van duizenden elastische vezels die gemaakt zijn van speciale cellen.

Sommige spieren kunnen we zelf bedienen en andere niet, zoals ons hart.

Spieren tillen niet alleen dingen op. De kleine spiertjes in ons gezicht helpen ons om gevoelens te tonen. De grootste spier is ons ACHTERSTE.

PEZEN verbinden de spieren met onze botten.

TRAGISCHE EVOLUTIE-FOUTJES

Jij hebt nu waarschijnlijk geen grote vetreserve meer nodig. En je hoeft ook niet meer zo afgetraind en gespierd te zijn als de mensen van vroeger.

Maar er zijn andere lichaamsonderdelen die nog veel minder nuttig zijn.

Over de BLINDEDARM en zijn wormvormig aanhangsel is lange tijd gedacht dat ze geen functie hadden, maar tegenwoordig denkt men dat ze een opslagplaats voor goede bacteriën zijn.

Soms krijg je een ontsteking van dat aanhangsel, en moet je naar het ziekenhuis om het te verwijderen. Dat heet APPENDICITIS.

De kleine botjes onder aan je ruggengraat zijn nog het meest nutteloos. Ze zijn het overblijfsel van de staart die onze voorouders hadden.

FEITENVAKJE

Er zijn ook heel veel toffe dingen die we niet gekregen hebben. De mens mag dan kaarten kunnen maken en ze kunnen lezen, maar duiven kunnen met een deel van hun brein het magnetische veld van de aarde lezen en daarop navigeren. In slangenogen en -hersens zit een extra deeltje dat net als een infraroodcamera warmte kan opsporen, waardoor een slang 's nachts kan jagen. Bijen lezen elektrische velden die hen naar bloemen kunnen leiden. En dolfijnen en vleermuizen gebruiken geluidsstralen die SONAR heten om te 'zien' wat er in de buurt is, zelfs in donker water.

JOUW BREIN IS DE BAAS

De menselijke SPRAAK en taal zijn zo complex dat ze gebruikmaken van allerlei verspreide plekken in je brein.
Het STROTTENHOOFD in je keel maakt de geluiden.
Maar één klein gebiedje in je linkerhersenhelft van je frontaalkwab zet je gedachten in woorden om.

Verschillende gedeeltes van het brein geven betekenis aan wat de zintuigen waarnemen.

Vooral je ogen en je brein moeten BIJZONDER snel communiceren.
Als je hersens voor de gek gehouden of in de war gebracht worden, heet dat een OPTISCHE ILLUSIE.

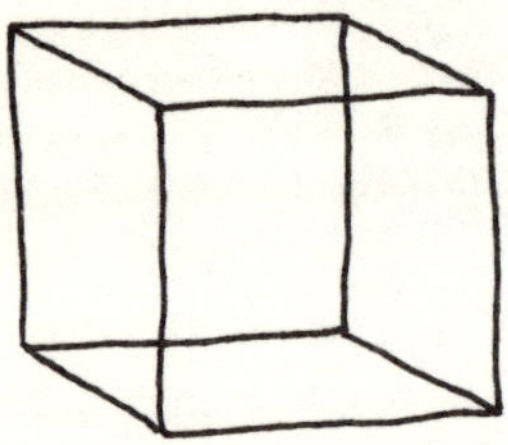

Kijk eens 20 seconden lang naar deze kubus. Wat is de voorkant? De meeste mensen zien dat heen en weer schieten.

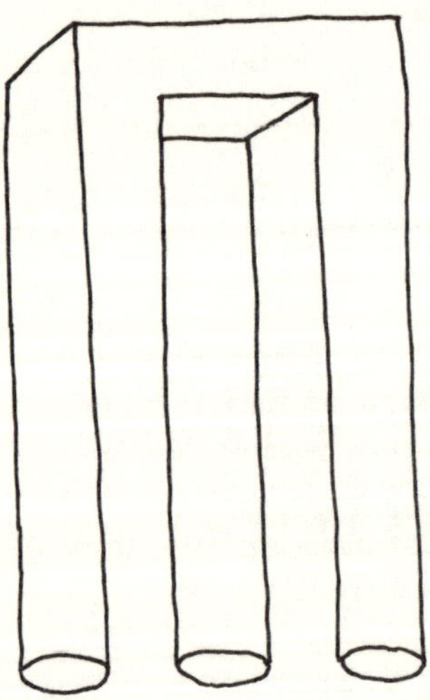

Deze tekening is heel verwarrend. Is 'ie logisch? Niet echt.

De hersens van een mens zijn behoorlijk groot. Meestal wegen ze zo'n 1,5 kg. Maar het komt niet door de grootte dat het menselijke brein zo uitzonderlijk is. Niemand weet precies waar dat wel door komt.

Je superzintuig is je ZICHT.
Jouw OGEN zijn FANTASTISCH.

Dat gekleurde deel is je IRIS, en de PUPIL bepaalt hoeveel licht er naar binnen komt.

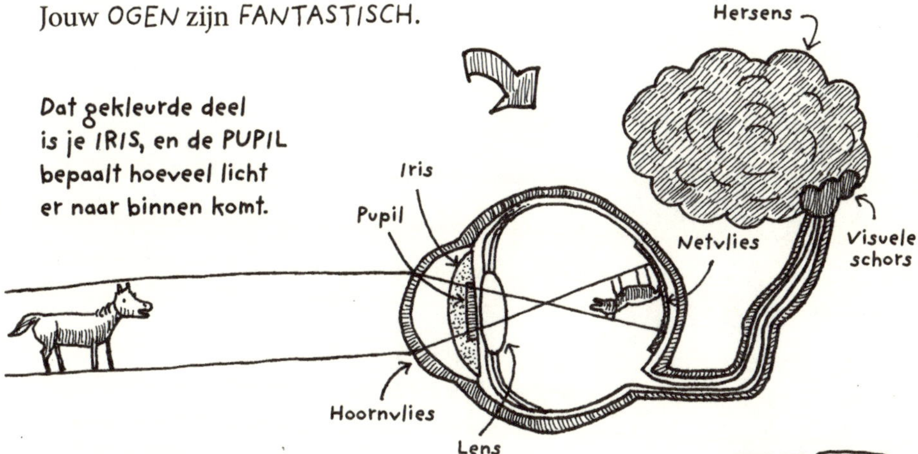

Als het licht door een gebogen lens valt (maakt niet uit wat voor een), dan zet die het beeld op z'n kop. Dat gebeurt ook in jouw oog, maar jouw slimme brein corrigeert het.

Een trap zonder einde...

GEVOEL...

ALS EEN PAARD

Als je iets leuks doet, dan komen er in je brein stofjes vrij die zorgen dat jij je fijn voelt. Sommige andere stofjes maken dat jij je droevig voelt. Al deze stofjes heten NEUROTRANSMITTERS.

BLIJ

BOOS

Woede en angst verschillen niet veel. Ze hebben hun eigen neurotransmitter.

Je automatische reactie op gevaar heet VECHTEN, VLUCHTEN, BEVRIEZEN. Toen de mens nog opgejaagd werd door de oeros waren die reacties HEEL nuttig.

Je ademt sneller, je hart klopt sneller.
Al je zintuigen staan op scherp.
Alle energie die je hebt, wordt aangewend om JE TE HELPEN OVERLEVEN.

Helaas treedt die reactie soms ook op als er GEEN groot gevaar is. Dat noemen we paniek of stress.

Je brein doet ALLERLEI dingen waar jij geen weet van hebt.

De hersenstam regelt al het NOODZAKELIJKE, zoals ademen, slikken, je hartslag en je BEWUSTZIJN.
Bewustzijn betekent dat je weet wat er om je heen gebeurt en dat je erop reageert.

Als je slaapt, ben je je niet bewust van de wereld om je heen. Maar misschien ga je wel slaapwandelen. En je lichaam is nog steeds HEEL DRUK aan het groeien, herstellen, herinneringen aan het opslaan en aan het dromen.

Dolfijnen slapen maar met één helft van hun hersens tegelijk, zodat ze kunnen blijven zwemmen.

Paarden slapen staand, zodat ze geen prooi worden.

En vogels slapen op een tak.
Ze grijpen zich vast met hun klauwtjes, zodat ze niet naar beneden vallen.

Helaas kunnen wij dat niet!

Is het niet gek om te bedenken dat ALLES aan ons, zelfs onze gedachtes, gevoelens en onze persoonlijkheid te danken zijn aan de scheikundige reacties en elektrische signalen in onze hersens?

DE ZINTUIGEN

Soms kan een droom zo echt lijken, dat je het gevoel hebt dat je echt ziet, hoort, voelt, proeft en ruikt. Maar zelfs als ze wakker zijn, ervaren mensen het leven niet allemaal op dezelfde manier.

Na ons zicht is ons GEHOOR ons op een na beste zintuig. Geluidsgolven gaan je oor in en komen langs de GEHOORGANG bij je TROMMELVLIES, dat begint te trillen. Die trillingen worden doorgegeven aan de gehoorzenuw en verder aan de hersenen.

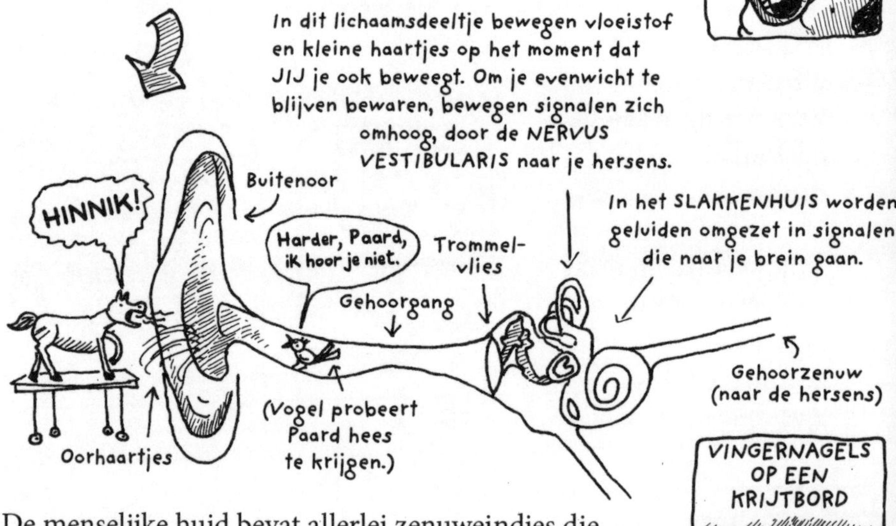

De menselijke huid bevat allerlei zenuweindjes die ons vertellen wat we VOELEN.
We moeten informatie krijgen over dingen als temperatuur, druk en textuur, en we moeten voelen of iets kietelt, jeukt of pijn doet.

FEITENVAKJE

Veel dieren communiceren met chemische stofjes die FEROMONEN heten. Met hun stank kunnen ze ALLERLEI dingen vertellen. Daarom plassen honden op boomstammen. Mieren laten een geurspoor achter om andere mieren de weg te wijzen naar voedsel. De meeste dierlijke feromonen kunnen wij gelukkig niet ruiken. Wij hebben ook feromonen, maar gebruiken ze niet vaak.

De genen van bepaalde mensen zorgen ervoor dat zij dingen kunnen proeven of ruiken die anderen niet opmerken. Het kan ook zijn dat je ogen prima werken, maar het deel van je brein dat voor je zicht zorgt niet. Als je SYNESTHESIE hebt, dan zie je misschien een bepaalde kleur als je iets hoort, omdat twee of meer delen van je hersens verbonden zijn aan één zintuig.

Onze neus plukt piepkleine deeltjes uit de lucht. Vergeleken met een dier als de haai is ons REUKVERMOGEN niet fantastisch. Haaien ademen niet door hun neus. Een haai is voor 100% ruikmachine. En ongeveer 2/3de van zijn hersens is op geur gericht.

Maar meestal BESEFFEN mensen niet hoe belangrijk hun reukvermogen is.

Er zitten ongeveer 10.000 kleine bultjes op je tong. Dat zijn SMAAKPAPILLEN.
We kunnen zout proeven en bitter, zuur, hartig en zoet.

Maar je SMAAK wordt sterker als proeven, ruiken en voelen gecombineerd worden.

* De haai met het petje heeft gelijk. De stinkkaas zat onder de eerste stolp.

HUID IS GEWELDIG

De buitenste laag van je huid is waterdicht.
Bovendien houdt hij alle weke delen in je lichaam samen.

De textuur van jouw huid is anders dan die van andere dieren. En hij is maar zo'n 4 mm dik. Walvishuid kan wel 35 cm dik zijn. Je vervelt met kleine schilfertjes. Niet in één keer, zoals een spin.

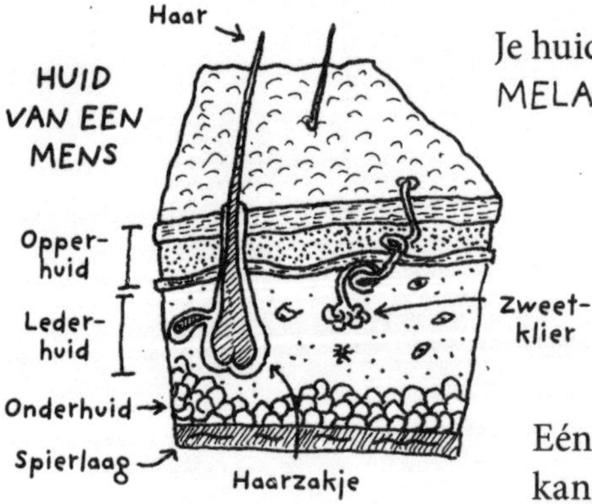

Je huidcellen maken een stofje aan dat MELANINE heet. Dat geeft jou je huidskleur.

Bij sommige inktvissoorten kan de huid van kleur veranderen (als camouflage), maar inktvissen zelf zijn kleurenblind.

Eén ding wat de mensenhuid heel goed kan, is ZWETEN. Zweet stinkt, maar het is erg nuttig. Je koelt erdoor af, daarom hoef je niet zoals andere dieren te hijgen of in de modder te rollen.

FIJNE VOETEN EN HANDIGE HANDEN

Misschien hebben we dan niet de allerbeste zintuigen uit het dierenrijk, we hebben wel de ALLERGEWELDIGSTE HANDEN.

Jij kunt je vuist stevig ballen en iets heel goed vastpakken. Jouw slimme vingers kunnen allerlei gedetailleerde handelingen uitvoeren, zoals schrijven en naaien en machines in elkaar zetten. Ze kunnen ook sterk zijn. Sommige acrobaten kunnen op hun vingers hun hele lichaam in evenwicht houden.

Op twee benen lopen is MOEILIJK. Je oren, ogen, spieren en hersens moeten aan één stuk door met elkaar communiceren om jou op je voeten te houden.

Door je korte TENEN kun jij heel goed rennen. En op je hielen heb je speciaal vet om je voetbeenderen te beschermen. Als onze voorouders niet op twee voeten hadden gelopen, dan hadden wij onze handen niet zo ontwikkeld. We zouden ze dan namelijk nodig hebben om op te lopen.

FEITENVAKJE

Een hand is een rijtje van vier vingers met daartegenover een duim. Koala's hebben handen en vingers die erg op die van ons lijken, maar ze hebben klauwtjes en geen platte nagels. Het zijn vooral primaten die handen hebben, maar ze hebben ook vaak voeten die als handen functioneren. Andere dieren hebben een staart om iets mee vast te pakken, of poten of klauwen.

HAREN, NAGELS EN TANDEN

Hoe dikker het HAAR of de vacht van een dier is, en hoe OLIE-ACHTIGER, hoe beter dat haar hen warm houdt.
Mensen hebben bijna overal haar… Behalve op onze handpalmen en onze voetzolen, en op onze oogleden en lippen. Stel je voor: harige lippen!

Haren vallen uit en groeien weer aan. Ze kunnen zo klein zijn dat je ze niet ziet.
Mannen hebben baardgroei, wat net zoiets is als manengroei bij mannetjesleeuwen. Helaas groeien er bij ons geen SNORHAREN waarmee we kunnen voelen.

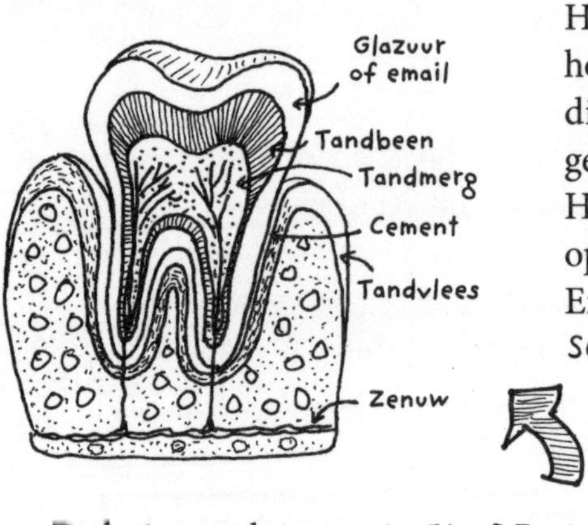

Haren, VINGERNAGELS (en hoorns, klauwen en hoeven bij dieren) zijn allemaal van keratine gemaakt.
Hoeven zijn gewoon nagels waar je op kunt staan.
En klauwen zijn gekromd en SCHERP.

De buitenste laag van je TANDEN is het HARDSTE MATERIAAL in jouw lichaam.
Veilig weggestopt in het GLAZUUR zitten de levende delen van je tanden en kiezen.

De mens is omnivoor. We hebben dus ook een combinatie van carnivore en herbivore tanden.

Platte KIEZEN vermalen het voedsel.

Puntige HOEKTANDEN scheuren het los.

Met onze SNIJTANDEN, aan de voorkant, snijden we het.

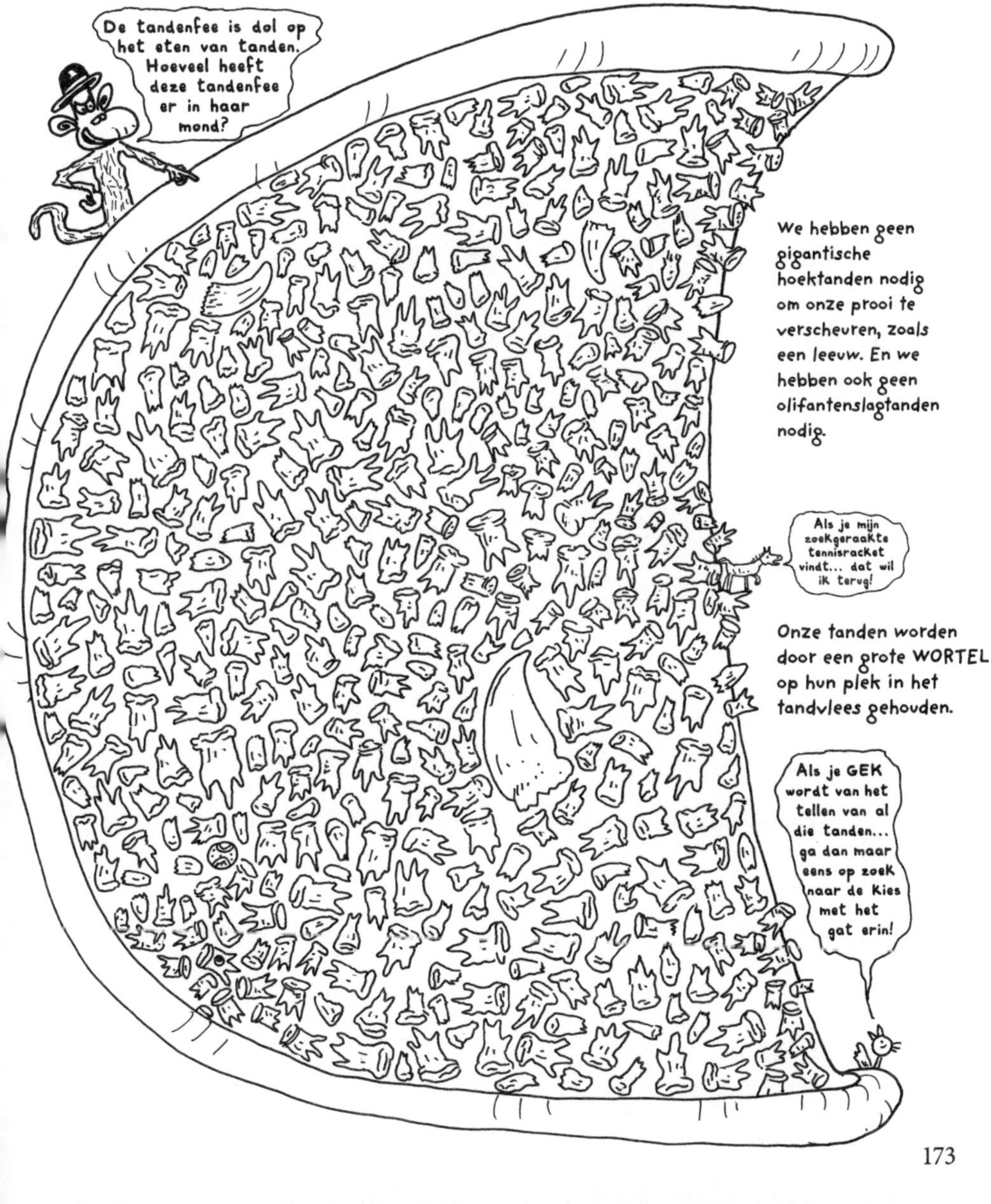

STELSELS, ORGANEN EN WEEFSELS

Je weet al dat we van cellen gemaakt zijn. Maar je realiseert je misschien nog niet hoe KLEIN die zijn. En dat ze niet allemaal aan elkaar plakken als één MENSVORMIGE KLONT.

Je cellen vormen WEEFSELS.

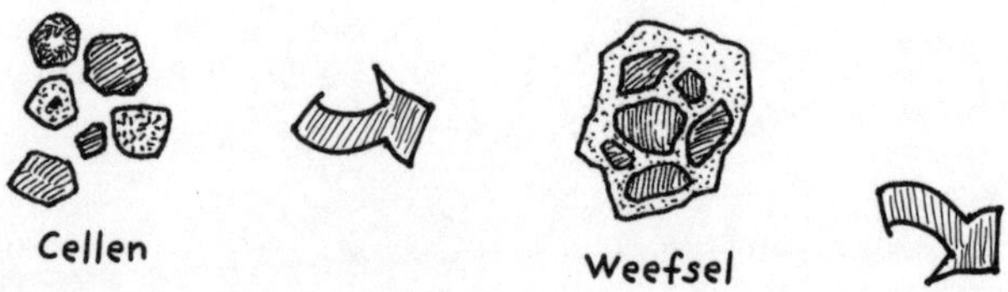

Weefsels vormen ORGANEN.

En organen vormen de STELSELS van jouw lichaam.

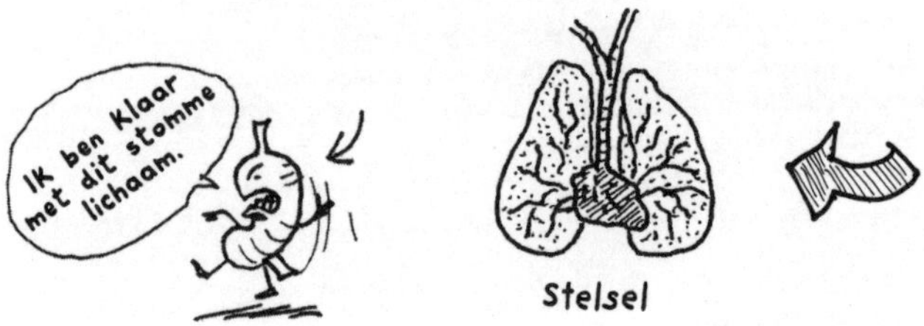

FEITENVAKJE

De belangrijkste stelsels van ons lichaam zijn de bloedsomloop, het spijsverterings- en uitscheidingsstelsel, het endocriene stelsel, het integumentum, het immuunsysteem, het lymfevatenstelsel, het spierstelsel, zenuwstelsel, voortplantingsstelsel, ademhalingsstelsel en het bewegingsapparaat. Al die stelsels werken samen om ons in leven en gezond te houden.

De BLOEDSOMLOOP en het ADEMHALINGSSTELSEL werken samen om het lichaam te voorzien van zuurstofgas.

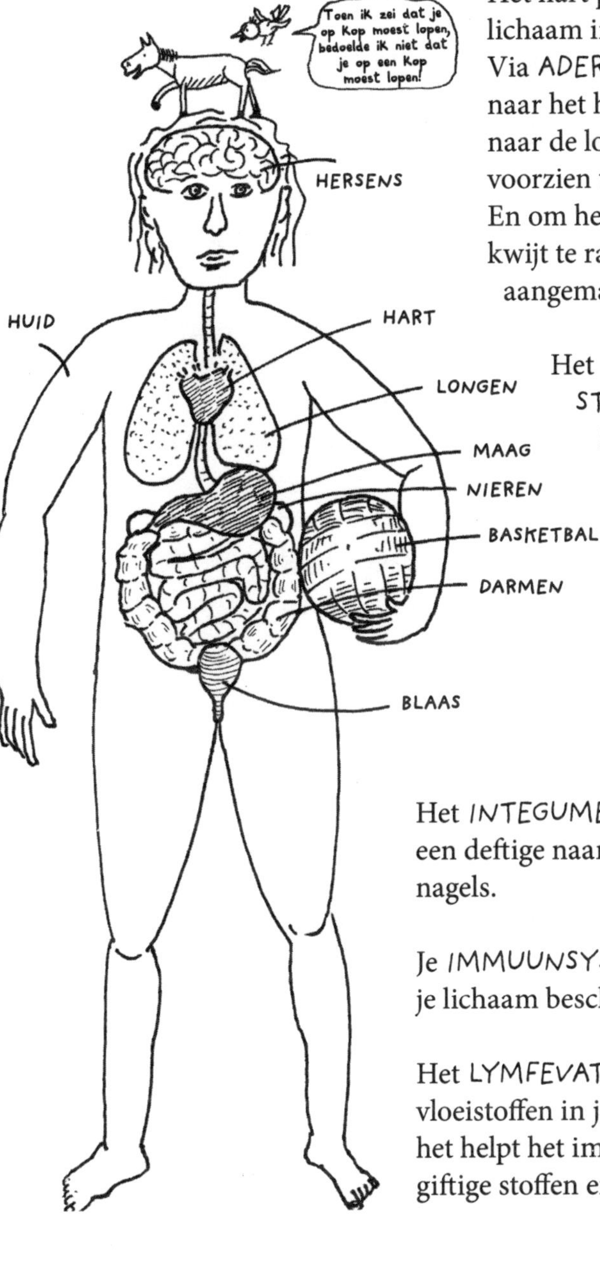

Het hart pompt bloed het lichaam in via slagaders. Via ADERS stroomt het terug naar het hart. Dan gaat het naar de longen om daar weer voorzien te worden van zuurstof. En om het koolstofdioxide kwijt te raken dat je lichaam aangemaakt heeft.

Het ENDOCRIENE STELSEL maakt HORMONEN aan die langs de bloeds-omloop elke plek van je lichaam bereiken om allerlei dingen te regelen, van je groei tot je lichaams-temperatuur.

Het INTEGUMENTUM is gewoon een deftige naam voor huid, haar en nagels.

Je IMMUUNSYSTEEM is het stelsel dat je lichaam beschermt tegen infecties.

Het LYMFEVATENSTELSEL houdt de vloeistoffen in je lichaam in de gaten, het helpt het immuunsysteem en voert giftige stoffen en afvalstoffen af.

POEP EN PLAS

Wat is er grappiger dan poep en plas?
NIKS!

Je SPIJSVERTERINGSSTELSEL is SUPERGRAPPIG. En je UITSCHEIDINGSSTELSEL is ook heel geinig.
Maar weet je ook hoe ze werken?

Het spijsverterings- en uitscheidingsstelsel van een worm is een lange buis. Het eten gaat er aan de ene kant in. Poep komt er aan de andere kant uit. Maar wormen hebben geen tanden, ze hebben een SPIERMAAG. Ze slikken steentjes in om het eten kapot te schuren!

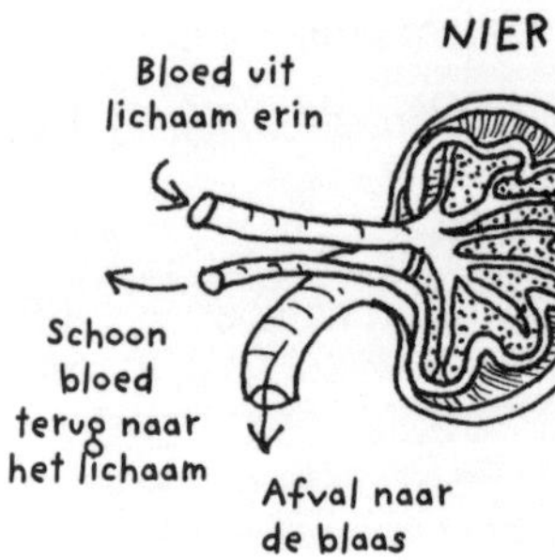

Honden hebben tanden en hun ingewanden zijn complexer, maar het BASISIDEE is hetzelfde. En dat is bij mensen ook zo… eten erin, poep eruit.
Onderweg halen wat organen de VOEDINGSSTOFFEN (de nuttige stukjes) uit het voedsel en andere organen verwijderen afval- en gifstoffen uit ons lichaam.

Je nieren zijn zo belangrijk dat je er twee van hebt.
Ze filteren je bloed en ze maken urine aan die de slechte stoffen wegspoelt.

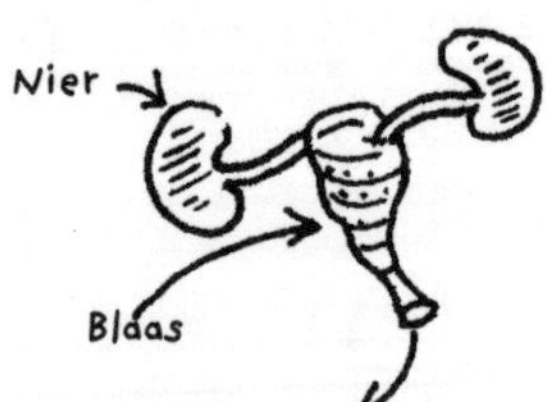

De weg naar de maag is hobbelig.

Het eten wordt in stukken gehakt
door je tanden en dan door een lange buis
naar je ingewanden gestuurd.

Die hele weg heet het SPIJSVERTERINGSKANAAL.

De maag bereidt het voedsel voor om verteerd te kunnen worden door het om te woelen en er spijsverteringssappen aan toe te voegen.

Er gaan handige bacteriën aan het werk. Het eten wordt één dikke pap die CHYMUS heet en die de dunne darm in gaat.

Gal en enzymen uit je LEVER, GALBLAAS en ALVLEESKLIER breken het voedsel verder af in de dunne darm. Moleculen van voedingsstoffen zoals aminozuren, vetzuren, enkelvoudige suikers, vitaminen en mineralen worden opgenomen in je bloed.

In de dikke darm wordt nog meer goed spul opgenomen in je bloedsomloop, waaronder water.

De vaste afvalstukjes, zoals vezels, worden bewaard in het laatste gedeelte van de dikke darm. Raad eens wat *DIE* zijn? Ja, klopt...

Maar hoe verandert een hamburger in de energie die onze spieren laat werken en waardoor stoffen gemaakt worden die ons lichaam doen functioneren?

JE BENT WAT JE EET...

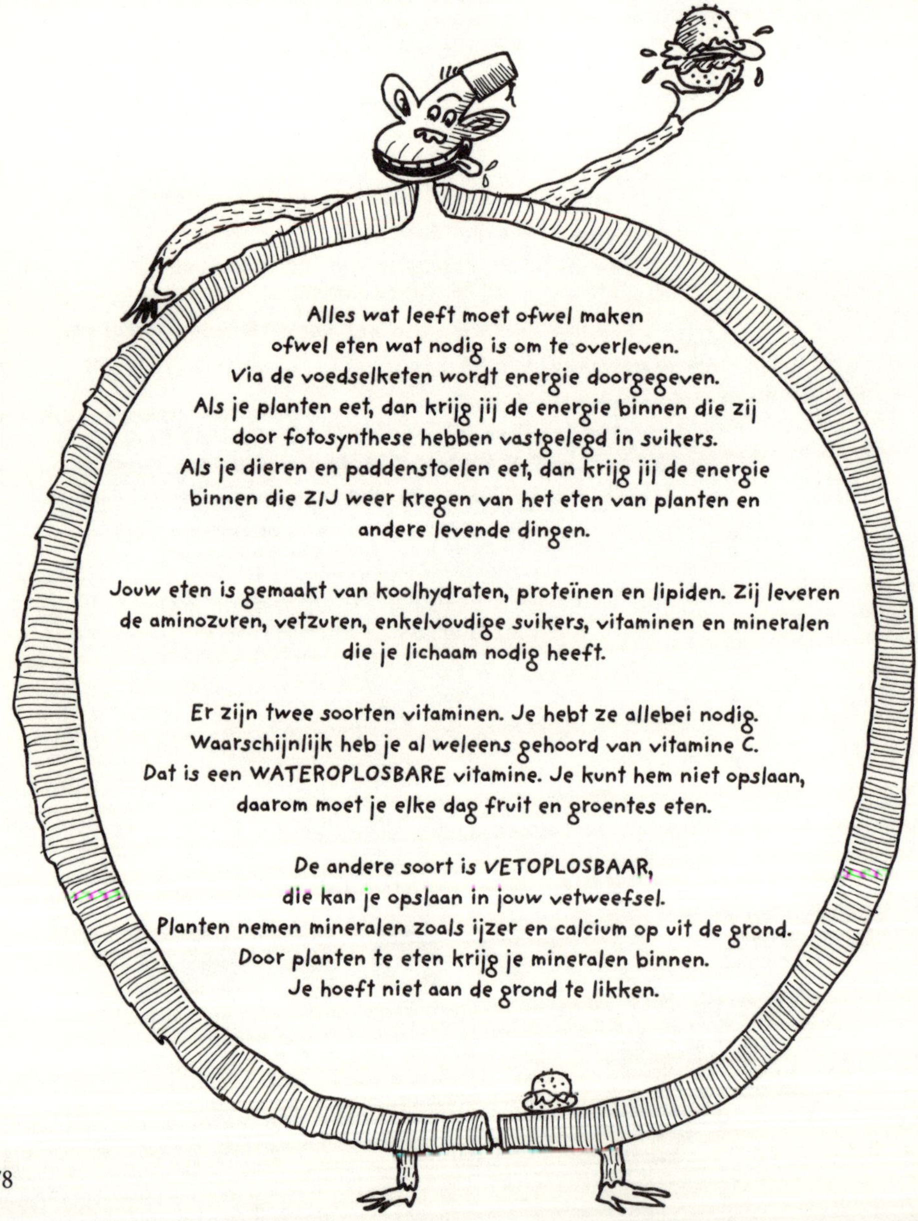

Alles wat leeft moet ofwel maken
ofwel eten wat nodig is om te overleven.
Via de voedselketen wordt energie doorgegeven.
Als je planten eet, dan krijg jij de energie binnen die zij
door fotosynthese hebben vastgelegd in suikers.
Als je dieren en paddenstoelen eet, dan krijg jij de energie
binnen die ZIJ weer kregen van het eten van planten en
andere levende dingen.

Jouw eten is gemaakt van koolhydraten, proteïnen en lipiden. Zij leveren de aminozuren, vetzuren, enkelvoudige suikers, vitaminen en mineralen die je lichaam nodig heeft.

Er zijn twee soorten vitaminen. Je hebt ze allebei nodig.
Waarschijnlijk heb je al weleens gehoord van vitamine C.
Dat is een WATEROPLOSBARE vitamine. Je kunt hem niet opslaan,
daarom moet je elke dag fruit en groentes eten.

De andere soort is VETOPLOSBAAR,
die kan je opslaan in jouw vetweefsel.
Planten nemen mineralen zoals ijzer en calcium op uit de grond.
Door planten te eten krijg je mineralen binnen.
Je hoeft niet aan de grond te likken.

Je hebt ook heel veel water nodig. Elk deel van je lichaam heeft water nodig om goed te kunnen functioneren, en je verliest de hele tijd water door te ademen, zweten, door vies gedoe en door te gaan kwijlen als je een hamburger ziet.

De KOOLHYDRATEN in ons eten leveren ons energie.
Het zijn (meestal) natuurlijke niet-zoete SUIKERS.

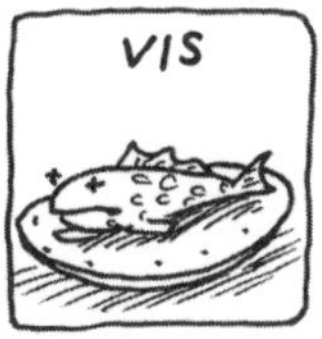

We kunnen extra energie op twee plekken opslaan. Korte tijd in onze spieren en lange tijd als vet. Door energie-opslag kun je, als dat nodig is, wekenlang zonder eten. Maar zonder water kun je maar een paar dagen.

LIPIDEN geven ons VETZUREN die energie en voedingsstoffen (zoals vetoplosbare vitaminen) bevatten.

PROTEÏNEN zijn supergeweldige, nuttige dingen. Je hebt in je lichaam meer dan 10.000 verschillende proteïnen.

Sommige cellen in ons lichaam zijn VOORAL gemaakt van proteïnen. Proteïnen bepalen sterk de eigenschappen van een cel. Het proteïne hemoglobine vervoert zuurstofgas in het bloed.

FEITENVAKJE

Er bestaat gezond en ongezond eten. Er zijn goede suikers en vetten en slechte suikers en vetten. Hoe natuurlijker je voeding, hoe beter het is voor je lichaam.
Maar soms kan voedsel ook bacteriën bevatten of giftig zijn, of het is een ALLERGEEN, wat betekent dat je er allergisch voor bent.

Virussen zijn SPECIALISTEN in

ZIEK MAKEN!

Er bestaan geen virusfossielen, dus we weten niet wanneer ze voor het eerst verschenen, maar zelfs bacteriën kunnen bepaalde virussen krijgen. En virussen evolueren SNEL.

Ken je deze walgelijke dingen nog?
Ze maken je ziek, misschien
ga je er zelfs aan dood.

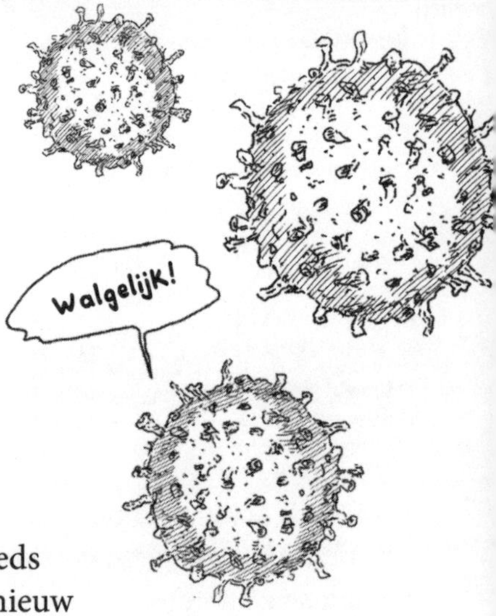

Virussen zijn kleine deeltjes.
Ze hebben genen die gemaakt zijn
van DNA of van iets dat RNA heet.

Ze gebruiken jouw cellen om zichzelf voort te planten. Ze dwingen ze om steeds OPNIEUW meer deeltjes te maken. De nieuw gemaakte virussen BREKEN uit de ene cel en VALLEN anderen aan.

Maar je lichaam werkt hard om virussen weg te houden.
Met je neusharen en met het SNOT uit je neus vang je smerigheid en ziektekiemen.
Je neus voert dat af naar je maag, waar het zuur en nuttige bacteriën de ziektekiemen kunnen elimineren.

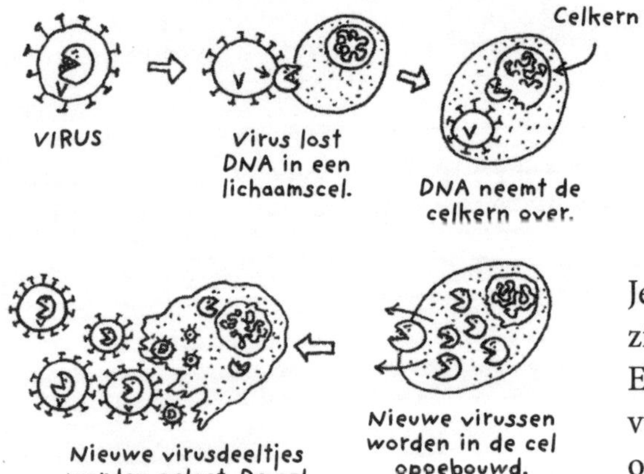

Je SPEEKSEL doodt de ziektekiemen in je mond.
En je zoute TRANEN spoelen viezigheid en infecties uit je ogen.

Soms wordt een virus gedood door hitte. En ook door zeep, die vernietigt de vetlaag aan hun buitenkant. Buiten een cel kunnen de meeste virussen niet lang overleven. Als je lichaam eenmaal een virus heeft overwonnen, is het misschien IMMUUN. Zo werken vaccinaties. Die leren je lichaam hoe het een virus dat je nog niet gekregen hebt, moet bestrijden.

Alles wat smerig is aan ziek zijn is meestal de manier waarop je lichaam zijn best probeert te doen om te genezen.

Je immuunsysteem verhoogt je temperatuur om een ziektekiem te bestrijden.
Gek genoeg kun je het daardoor KOUD krijgen en gaan bibberen.
Maar heel hoge KOORTS kan ook gevaarlijk voor je zijn.

MEER snot betekent MEER ziektekiemen afvoeren. Daarom is jouw keel rauw en dik en heb je een loopneus. Je niest en kucht om alles uit je lichaam te krijgen.

OVERGEVEN is eng en vies. Meestal betekent het dat je spijsverteringsstelsel iets gevaarlijks verwijdert.
Zelfs DIARREE betekent dat je lichaam jou schoonmaakt. Meestal werkt dat goed en voel je je daarna beter.

FEITENVAKJE

Soms richt een virus zoveel schade aan dat slechte bacteriën zich heel makkelijk kunnen nestelen. Dan heb je ANTIBIOTICA nodig. Antibiotica kunnen een virus NIET doden of jou sneller beter maken. Ze rekenen alleen af met bacteriën. Voor sommige virussen bestaan medicijnen die we ANTIVIRALE middelen noemen. Ze doden het virus niet, maar houden wel de aanvallen tegen, bijna net zo goed.

SUPERHELD-SYSTEMEN

RODE BLOEDCELLEN vervoeren zuurstofgas door je lichaam en WITTE BLOEDCELLEN verdedigen ons tegen bacteriën en virussen. BLOEDPLAATJES helpen bij bloedstolling.

Als je ergens bloedt, trekken je bloedplaatjes ten strijde. Ze plakken aan elkaar en maken een KLONTER. Die klonter wordt een KORSTJE op je huid.

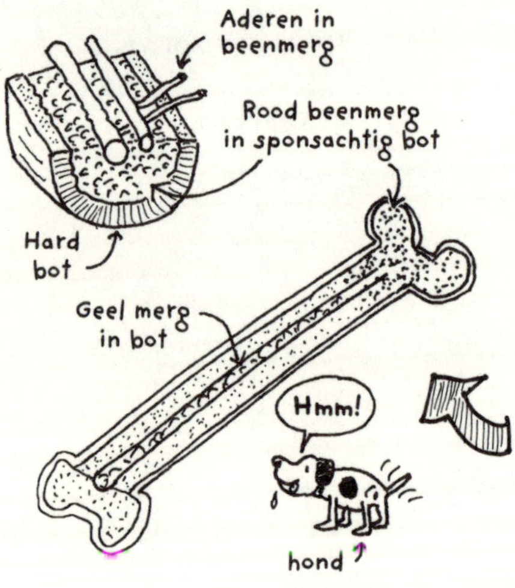

Als de huidcellen zich vernieuwen, valt het korstje eraf.

Een BLAUWE PLEK is gewoon een bloeding ONDER je huid.

Je lichaam kan ook botten repareren. Om de breuk heen laat het je bloed samenklonteren.

Dan wordt er botweefsel (een CALLUS) aangemaakt dat steeds sterker wordt. De callus houdt het bot samen en geneest het.

Als een mug jou bijt, dan zuigt hij je bloed op en spuit speeksel in je dat ervoor zorgt dat je bloed niet klontert!

De cellen om de beet heen sturen HISTAMINES uit, die extra bloed en witte bloedcellen laten komen.
Maar als je lichaam een extra sterke reactie vertoont, heet dat een ALLERGIE.

Misschien moet je dan een medicijn nemen dat ANTIHISTAMINE heet.

Jouw lichaam kan niet onderscheiden of iets GOED of SLECHT is.
Het weet alleen maar dat er iets is wat er niet hoort.
Dus zelfs als je een transplantatie-orgaan NODIG hebt, kan je lichaam dat alsnog afstoten.

Niet aanbevolen voor de lunch

Gifstoffen verstoren het gewone functioneren van je lichaam.
Soms brengen ze je zenuwstelsel in de war. Of ze houden de cellen die je lichaam herstellen tegen. Of ze verwoesten je lever en nieren, die proberen slechte stoffen uit je bloed te filteren.

Deze ook niet

RARE LICHAAMS-WEETJES

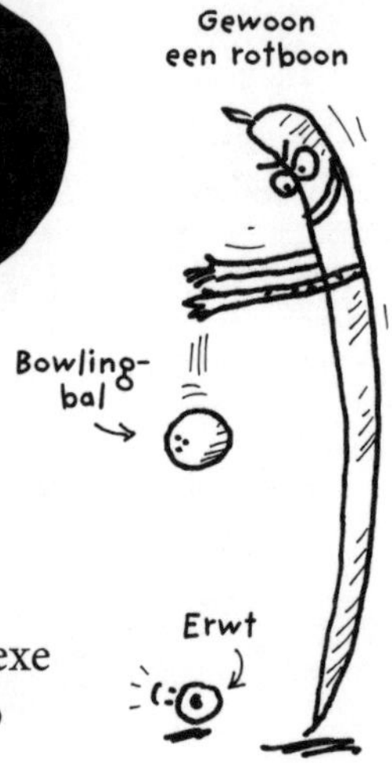

We gebruiken onze zintuigen om te bepalen of iets eetbaar is. Bedorven voedsel STINKT. En dan weten we instinctief dat dat SLECHT ETEN is.

Maar wij vertonen niet, zoals andere dieren, complexe aangeboren gedragingen. JIJ kunt geen nest of web bouwen zonder dat je dat eerst geleerd hebt. Mensen vertonen alleen REFLEXMATIGE GEDRAGINGEN. Een voorbeeld daarvan is de grijpreflex die je bij baby's ziet.

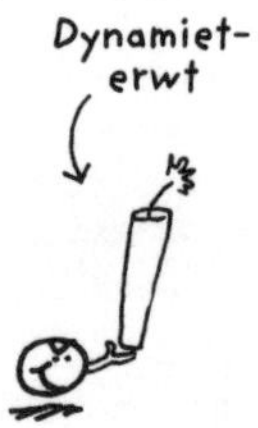

Wist je dat jouw huid, net als bij flamingo's, oranje wordt als je heel veel bètacaroteen eet? Dat zit in wortels en pompoenen.

Van asperges gaat je plas raar ruiken. En van bietjes en bessen kleurt je plas ROZE.

Maar van het eten van veel suiker krijg je niet echt meer energie. Je wordt er wel HYPER van!

Je witte bloedcellen 'eten' ziektekiemen en beschadigde en dode cellen. Zo ontstaat PUS. Als je een puistje uitknijpt, duw je extra bacteriën in het nieuwe wondje dat je daarmee maakt. Pus is niet VIES. Jij bent vies!

KIPPENVEL wordt veroorzaakt door zich samentrekkende kleine spiertjes om je lichaamshaar heen. Vroeger was dat nuttig: dan maakte je je vacht dikker bij kou of bedreiging.

Je krijgt de HIK door samentrekkingen in je MIDDENRIF, de spier die je laat ademen. Die zit net boven je maag. Meestal krijg je alleen de hik als je maag vol zit.

MIJTEN zijn piepkleine diertjes.
Stofmijten voeden zich met de dode huidcellen die in elk huis liggen. Als je moet niezen is dat door de stofmijten, NIET door het stof zelf.

Van de meeste mijten die op de huid van een mens leven krijg je jeuk. Maar er zijn er ook die doorzichtig en piepklein zijn en geen problemen veroorzaken. Miljoenen mensen hebben niet eens door dat ze wimpermijten hebben.

EMMER MET PEPERTJES

Een stofje in Spaanse pepers dat CAPSAÏCINE heet, activeert de zenuwen in je mond die hitte signaleren.
Pepertjes houden je hersens voor de gek door ze te laten geloven dat je verbrandt.
Zoogdieren zijn daar gevoelig voor, maar vogels niet. Het kan ook de zenuwen in je huid voor de gek houden. En je ogen. Dus NIET AANRAKEN!

Je lichaam is heel vreemd en geweldig. Je zou het niet zelf kunnen verzinnen.

5

DE WERELD DIE WE GEMAAKT HEBBEN

O, WAT BEN JIJ SLIM!

Een UITVINDING is iets fonkelnieuws wat iemand maakt of ontwerpt. Een ONTDEKKING is als iets natuurlijks voor het eerst gevonden wordt.

De mens ontdekte het vuur, natuurlijk, omdat dat in de natuur gebeurde.
Maar vuur MAKEN was een uitvinding.

Lang voordat we Homo sapiens waren, wreef iemand twee stokjes tegen elkaar.
Ze gebruikten de wrijvingskracht om ontsteking te veroorzaken.
Nu hebben we andere uitvindingen die gebaseerd zijn op ontsteking, zoals auto's en straalmotoren.

JIJ kent nu alle deftige wetenschappelijke woorden waarmee je uit kunt leggen hoe iets werkt.

Duizenden jaren geleden kende NIEMAND die, omdat ze nog niet bedacht waren. Maar de mens was ALSNOG heel slim.

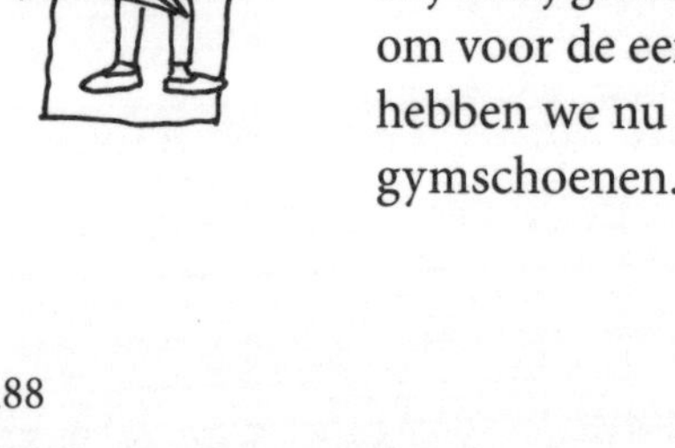

Zo vond bijvoorbeeld iemand in Midden-Amerika 4000 jaar geleden de rubberen band uit, en rubberen ballen, ja zelfs rubberen schoenen.

Hij of zij gebruikte boomsap en een soort druivenvocht om voor de eerste keer rubber te maken. Daarom hebben we nu autobanden, rubberen laarzen en gymschoenen.

van ontdekkingen komen uitvindingen, en de ene uitvinding leidt tot de andere. Een uitvinder gebruikt wat bekend is uit de scheikunde, de natuurkundige wetten en de wrijvingskracht, de elektriciteit, het magnetisme en de zwaartekracht.

Heb je weleens gehoord van THERMOPLASTISCH HARS?
De mensen uit het oude Australië niet.
Maar ze vonden het toch uit.

Ze gebruikten harsen uit gras om een sterke, waterbestendige lijm te maken.
Ze konden daarmee zelfs speerpunten op hout vastzetten.

Door al die ontdekkingen en uitvindingen, en doordat mensen met elkaar kunnen communiceren en samenwerken, werden kleine gemeenschappen grote gemeenschappen.

Rond 4000 jaar geleden werden sommige SAMENLEVINGEN zo groot dat ze een IMPERIUM werden.
Dat betekende dat ze over andere samenlevingen heersten.

Zelfs nu nog proberen landen met oorlog en handel een imperium te worden.

FEITENVAKJE

SAMENLEVINGEN zijn grote groepen mensen die samenwonen in hetzelfde gebied, onder dezelfde leiding en met dezelfde taal, cultuur en geloofsovertuiging. Een samenleving deelt bijvoorbeeld een regering en een schoolsysteem, en heeft families en godsdiensten die misschien anders zijn dan in andere samenlevingen. Sommige samenlevingen zijn multicultureler dan andere.

EEN IDEE IS OOK EEN UITVINDING

Ongeveer 6000 jaar geleden begonnen mensen in het Midden-Oosten eenvoudige tekens om te zetten in echt schrift. Ze schreven hun tekens in natte klei. Ongeveer in diezelfde tijd creëerden de Egyptenaren HIËROGLIEFEN, maar daarna vonden ze iets uit wat NET ZO BELANGRIJK was...

PAPYRUS was een geweldige uitvinding. Het werd van riet gemaakt. Het was licht en je kon het gemakkelijk bewaren. En het was beter te beschrijven dan klei of hout of dierenhuiden.

Toen, rond 3500 jaar geleden, vonden slimme handelslieden, de Feniciërs, een ALFABET uit. Het is niet moeilijk om een alfabet te leren omdat de letters staan voor een GELUID en niet voor een heel woord. Door ze te combineren kun je ELK woord opschrijven. Je hoeft niet DUIZENDEN symbolen te leren.

A: AARDVARKEN

Rond 2000 jaar geleden vond iemand in China papier uit.

Maar we moesten nog tot 1440 wachten om op een eenvoudige manier hele boeken te kunnen drukken.

Een Duitse man die Johannes Gutenberg heette, vond metalen letters uit, die je steeds opnieuw kon rangschikken in een lijst.
Zo kon je met behulp van een drukpers één bepaalde bladzijde meerdere keren afdrukken.
Nu gebruiken we daar natuurlijk computers voor!

Dankzij het schrift, het alfabet, papier en de drukpers ben jij nu (bijna) een Professor in Alles. Nu kun jij jouw leerkracht nog wat leren!

Ook WISKUNDE is een van de BELANGRIJKSTE menselijke uitvindingen.

De wiskunde heeft de meeste wetenschappelijke kennis en uitvindingen mogelijk gemaakt.
Veel van de klassieke telsystemen waren gebaseerd op onze tien vingers, maar rond 1500 jaar geleden vonden wiskundigen uit India PLAATSWAARDE en NUL uit om ieders leven eenvoudiger te maken.

Met het HINDOE-ARABISCHE DECIMALE STELSEL is het veel simpeler om sommen te maken. En om bladzijden in dit boek op te zoeken.

OVERAL DE BAAS

Toen imperia steeds rijker en steeds machtiger werden, ontwikkelden ze complexe overheden en legers.

Ze waren niet heel vriendelijk toen ze in de gebieden om zich heen andere volkeren gingen veroveren.

Misschien heb je weleens gehoord van het oude Egyptische Rijk of van het Perzische, Griekse of Romeinse Rijk.
Misschien ken je de Qin- of de Han-dynastie, of de Vikingen. Al die imperia bleven niet bestaan.
Het ene verloor aan macht en het andere nam de macht over.

Maar ze vonden wel min of meer de MODERNE WERELD uit.

Daarna vonden de Europeanen schepen uit die over HEEL de wereld konden varen, en toen werden de eerste WERELDMACHTEN geboren.

FEITENVAKJE

V.Chr. betekent voor Christus, en n.Chr. is na Christus, dus na het jaar nul. Zo is 2000 jaar v.Chr. ongeveer 4000 jaar geleden. In de middeleeuwen kozen Europeanen vanwege het christendom om te rekenen met de geboorte van Jezus Christus, ook al is er discussie over wanneer dat nu werkelijk was. Het jaar nul bestaat trouwens niet, de jaartelling begint bij het jaar 1. Achter jaartallen uit onze tijd zetten we niet meer 'n.Chr.'.

Wetten, overheden, belasting en scholen
Design, kunst en architectuur
Huisdieren en domesticatie
BUS HALTE
Glas en plastic
Machines, verkeer, geld en werk
Metaal, beton en asfalt
Hoge, permanente bebouwing
Natuurlijke en kunstmatige vezels
HET MODERNE LEVEN
Wegen en riolen en afwateringssystemen
Schrijven, papier, communicatie en media
Behalve ikzelf staan er nog 14 vogels op deze pagina.

OORLOG
BUS HALTE
Door de hele geschiedenis heen hebben mensen met elkaar gestreden om macht, geld of land. Soms vanwege een godsdienst. Helaas worden oorlogen NOOIT uitgevochten met erwtjes en verrot fruit.
ERWTEN & VERROT FRUIT

VREDE
BUS HALTE
Mieren!
Wie heeft dat gebouw verzet?
Oh, oh!
Vrede is FIJN. Gewoontes, regels en wetten houden een samenleving bijeen, geregeld en veilig.
* Sorry, ik bedoel politieagenten.
Z
Z
Z
Niet te dichtbij, Bob.
REGELS gelden in de groep die ze bedacht heeft. GEBRUIKEN zijn algemeen aanvaarde gedragingen, zoals 'dank je wel' zeggen.
WETTEN worden door de overheid gemaakt en gelden voor IEDEREEN. Als je een wet overtreedt, dan kun je gearresteerd worden door miereneters* en in een rechtszaak terechtkomen. Als je schuldig bent, kun je een boete of gevangenisstraf krijgen.
Er staan nog 12 miereneters op deze plaat. Zie je ze?

BLOOT IS NIET IDIOOT

Tegenwoordig is het bij wet verplicht om kleren te dragen. Maar dat was niet altijd zo. In warmere culturen was dat niet echt nodig. En in koude streken droegen mensen vroeger enkel dierenvellen om warm en droog te blijven.

Soms maken kleren deel uit van regels. Je moet ze bijvoorbeeld op je werk aan, ter bescherming. Of ze zijn een uniform dat je MOET dragen.

Veel culturen hebben unieke klederdrachten die onderdeel zijn van hun tradities. Soms zijn kleren gewoon een manier om te laten zien wie je bent.

Mensen spinnen al zo'n 5000 jaar wol om WEEFSELS van te maken. En katoen, zijde en bamboedraden kunnen ook allemaal geweven of gebreid worden.

Maar moderne materialen als nylon en polyester worden gemaakt van plastics. Dat zijn SYNTHETISCHE STOFFEN.

BOUWEN!

De eerste mensen woonden in grotten en verscholen zich waar ze konden.

Later begonnen ze eigen bouwsels te maken.

Nu zijn gebouwen gemaakt van beton, staal, glas, baksteen en hout. Maar de eerste huizen werden gemaakt van natuurlijke materialen die men in de buurt vond.

Soms waren ze gemaakt van bomen en schors. Of weefsels of dierenhuiden die op houten raamwerken of zelfs walvisbotten gespannen werden.

De Inuït in Canada bouwden iglo's van ijsblokken.
Daar kon de wind niet in, en binnen was het altijd gezellig.

Tegenwoordig wonen mensen bijvoorbeeld in een huis of in een flat.

Of zelfs in het Internationaal Ruimtestation.

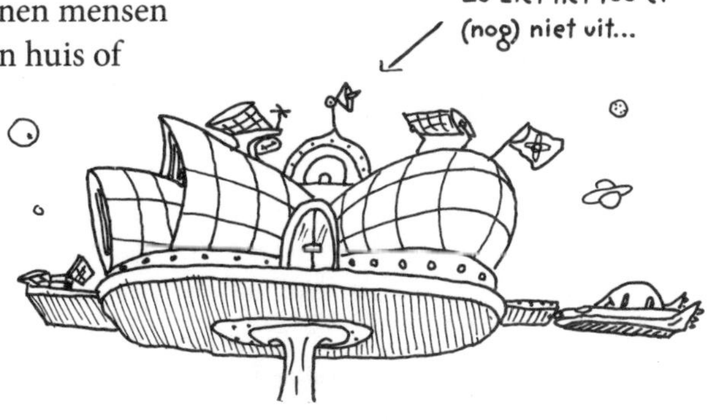

GELD EN HANDEL

TE KOOP

Geld was niet altijd 'een bedrag op de bank hebben'.
Of een betaalkaart waarmee je dingen kunt kopen.
Het begon niet eens als munten en briefjes.

Voor er geld was, was er RUILHANDEL.
Als je iets goed kon, kon je dat ruilen voor iets
wat je nodig had, zoals een kip.
Als je dan een kip had, kon je de eieren of kuikentjes
ruilen voor andere dingen die je nodig had.

Maar er waren mensen in de oudheid die
een slim idee kregen.
Ze gaven de dingen die ze NODIG HADDEN,
zoals zout of vee, een WAARDE.
Dan konden ze die gebruiken om andere dingen te kopen.
Sommige samenlevingen bepaalden zelfs dat schelpen
of gemarkeerde steentjes of inkervingen op een stok
iets waard zouden kunnen zijn.
Toen de grote imperia opkwamen, maakten die
metalen muntjes.
Dat is sindsdien niet meer veranderd.
Geld is alleen maar waard wat de samenleving
afspreekt dat het waard is.

Mensen wisselen vaardigheden en tijd voor geld.
Dat noem je WERK. Je kunt ook dingen maken en die verkopen.

En je kunt geld van een MUNTEENHEID wisselen tegen geld van een andere munteenheid.
Eén Europese euro is een bepaalde hoeveelheid Amerikaanse dollar of Japanse yen waard.
Alleen verandert die hoeveelheid soms met de tijd.

Landen kopen en verkopen voortdurend dingen.
Dat is de WERELDHANDEL.

Een telefoon wordt gemaakt van GRONDSTOFFEN die op allerlei plekken op aarde gedolven, gerecycled of gemaakt worden.
Uit die grondstoffen worden in nog veel meer landen ONDERDELEN gemaakt.
Die onderdelen worden naar één land VERSCHEEPT om daar samengevoegd te worden.
Dan gaat de telefoon DE HELE WERELD over om verkocht te worden.
Dat noemen we de PRODUCTIEKETEN.

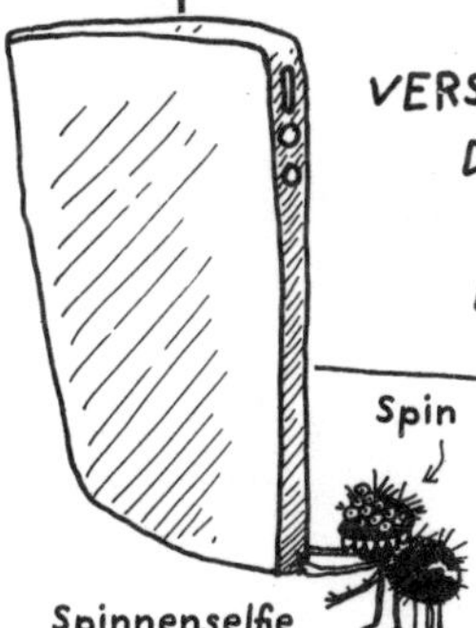

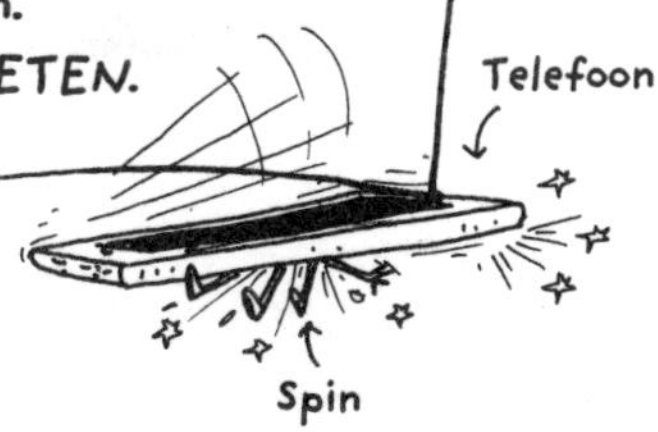

FEITENVAKJE

Wanneer je iets uit het buitenland koopt om het te gebruiken of verder te verkopen, dan is dat IMPORT. Wanneer je iets naar het buitenland stuurt, dan is dat EXPORT. Over het algemeen moet je over zowel import als export BELASTING betalen aan de regering. Verschillende landen hanteren verschillende belastingen. Belasting is het geld dat je aan de overheid betaalt als je geld verdient en soms als je het uitgeeft.

EET JE ETEN OP...

Tegenwoordig is ons eten een wetenschap. De mens vond conserveermiddelen uit, blikjes, glazen flessen en luchtdichte verpakkingen, zodat je eten kunt bewaren en nooit meer honger hoeft te hebben.

Het koken van eten maakte het makkelijker om te verteren en doodde slechte bacteriën. Maar aan voedsel als kaas of yoghurt is juist een bepaald soort nuttige bacteriën TOEGEVOEGD. En brood rijst omdat we aan het deeg een schimmel toevoegen die GIST heet.

BOON

KOFFIE

AARDAPPEL

FRIETJES

We dekken ons eten af met plastic, en we voegen er chemische stoffen aan toe om de kleur, smaak en textuur te veranderen.

MAIS

POPCORN

Vroeger waren planten de enige soort medicijnen die we hadden.
Helaas... schreef geen enkele dokter OOIT een recept uit voor popcorn of chips.

TOMAAT

PASTASAUS

AVOCADO

GUACAMOLE

MIERIKSWORTEL

WASABI

Er zijn een paar heel nare ziektes die veroorzaakt worden door geen vers fruit of groentes te eten.

Zoals SCHEURBUIK, wat te gruwelijk is om er meer over te vertellen. Niet gaan googelen.

Vroeger ging je zo'n beetje van ALLES dood. Mensen stierven doordat ze gaatjes in hun kiezen hadden en van wondjes die waren gaan ontsteken. Veilige operaties bestonden nog niet. En al helemaal geen scans om te zien wat er fout zat in je lichaam. En er waren geen vaccinaties om virussen te voorkomen.

DUS NEEM JE MEDICIJNEN IN!

Dat er onzichtbare ziektekiemen waren die zich tussen mensen verspreidden werd in 1362 door een dokter in het Midden-Oosten bedacht. Maar niemand geloofde het.

Amper 150 jaar geleden namen dokters nog bloed af met BLOEDZUIGERS, en dan wasten ze daarna hun handen niet.

Als eerste werd ontdekt dat er geneeskundige planten bestonden. Al meer dan 7000 jaar geleden gebruikten mensen OPIUM, een pijnstiller die in klaprozen zit.

Nu bestaan medicijnen meestal uit chemische stoffen die in een laboratorium zijn gemaakt. Maar een van de belangrijkste medicijnen was een schimmel, en werd per ongeluk ontdekt.

In 1928 liet een heel slordige (maar ook heel slimme) wetenschapper wat bacteriën onbedekt staan. Toen hij terugkwam, was er een laag schimmel gegroeid en de bacteriën waren dood. Die schimmel was penicilline, het eerste antibioticum. Daardoor zijn MILJOENEN levens gered.

FEITENVAKJE

Meer dan een eeuw geleden veranderde de Fransman Louis Pasteur wat mensen tot dan toe over ziektekiemen wisten. Hij paste zijn ZIEKTEKIEMENTHEORIE toe op voedsel en medicijnen. Je kunt melk langer veilig drinken als het een proces ondergaat dat hij PASTEURISATIE noemde. En herinner je je nog dat een vaccin je immuunsysteem helpt om ziektekiemen te bestrijden zonder dat jij ziek wordt? Dat vond hij ook uit.

HET LEVEN VAN EEN EI

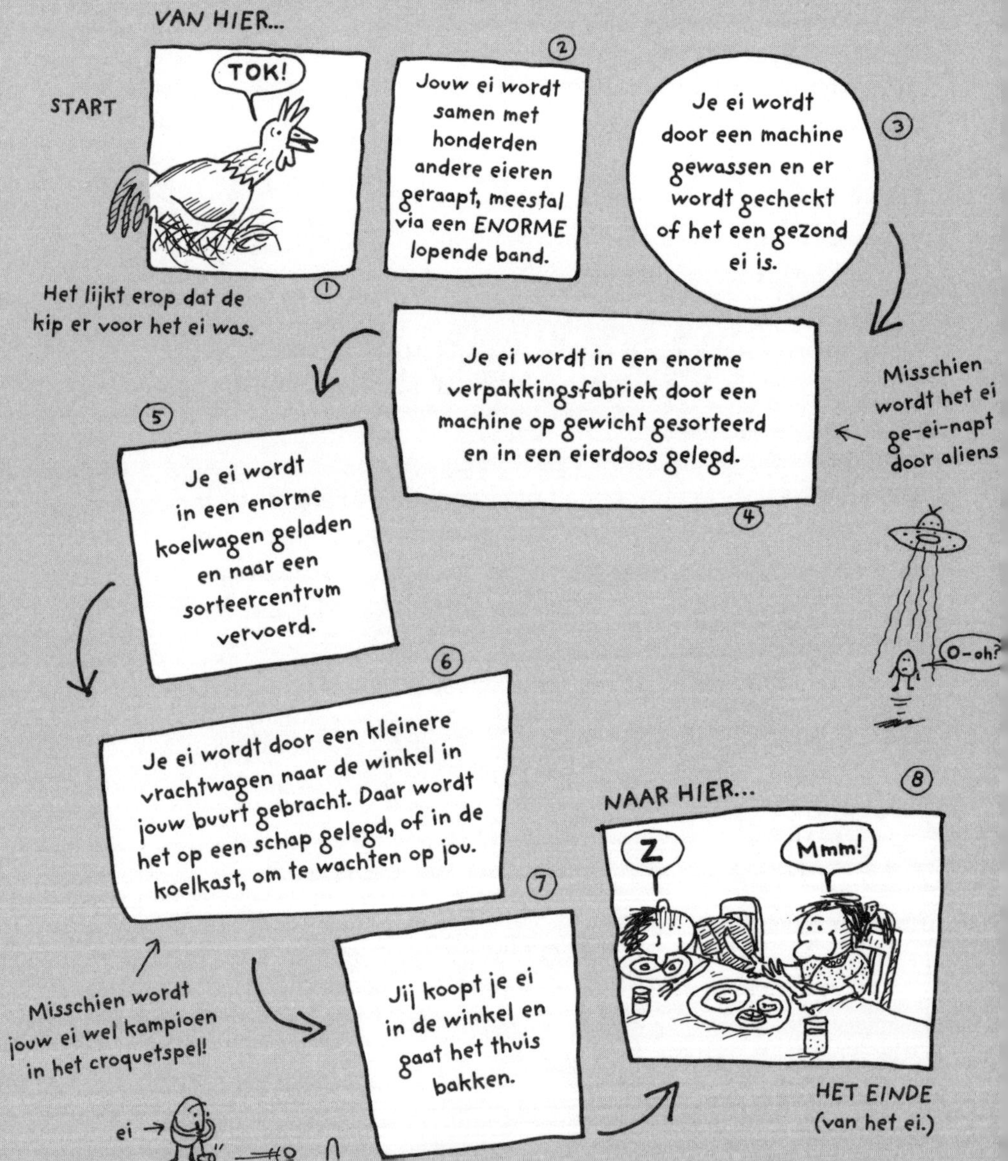

HET LEVEN VAN EEN TOMAAT

Soms legt eten enorme afstanden af om bij jou te komen. Op verpakt voedsel staat altijd waar het gemaakt is, maar misschien komen jouw fruit en groente ook wel van de andere kant van de oceaan.

MATERIALEN EN SPUL

Dingen MOETEN van het JUISTE SPUL gemaakt zijn, niet van het VERKEERDE SPUL. Wat we kunnen maken en uitvinden hangt af van de MATERIALEN die we tot onze beschikking hebben.

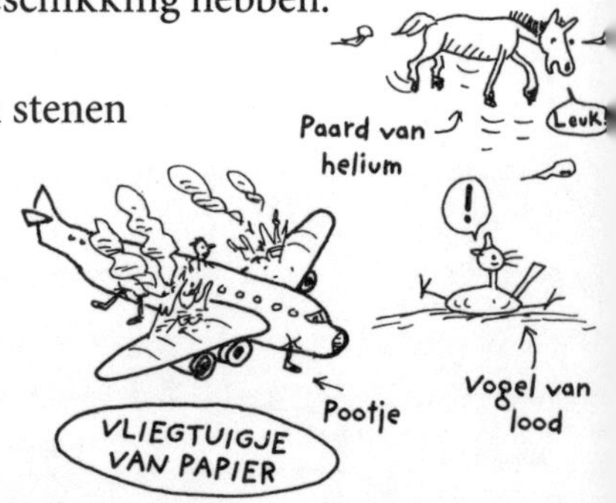

Metalen en andere mineralen komen van stenen die ERTS genoemd worden.
Meestal vind je die in MIJNEN onder de grond. Het erts moet worden gesmolten om eruit te halen wat we kunnen gebruiken.
METALEN zijn glimmend en compact. Ze geleiden elektriciteit en warmte en kunnen magnetisch zijn. We gebruiken vooral IJZER.
Toen de mens erachter kwam hoe bruikbaar ijzer was, veranderde dat het leven zo ingrijpend dat we die tijd het ijzeren tijdperk noemen.

Maar toen we ijzer met andere materialen begonnen te mengen en er STAAL van maakten, werd het pas echt sterk.

Dat noem je een LEGERING maken.

Staal vind je OVERAL om je heen. Van sieraden tot onderdelen van grote machines tot bouwconstructies.

Dingen die gemaakt zijn van het VERKEERDE spul

Stalen tralies zijn het JUISTE spul voor een kooi.

Maar we bouwen vooral met BETON.
Dat bestaat uit CEMENT gemengd met stenen en zand.
Als het droogt, wordt het keihard.
Als het nat is, kun je het gieten in de vorm die je wilt.

Maar als je beton heel sterk wilt maken,
moet je er stalen staven doorheen steken.

Glas is gemaakt van zand.
Het wordt heel erg verhit zodat het smelt.
Als het weer afkoelt, ziet het er heel
anders uit en is het heel bruikbaar.

Van chemische stoffen kun je niet alleen kleding maken. PLASTIC wordt meestal gemaakt van FOSSIELE BRANDSTOFFEN, zoals olie en steenkool.

Plastic is zo handig omdat het stevig is, en waterdicht.
En anders dan metalen geleidt het geen stroom of hitte.
Kijk om je heen en waarschijnlijk vind je meteen iets dat van plastic gemaakt is.
Auto-onderdelen, banken of kussens van schuimplastic, speelgoed en kleren, stoffen en tapijten, verf en touw en lijm: allemaal van plastic.

FEITENVAKJE

Geen van deze materialen is BIOLOGISCH AFBREEKBAAR.
Ze kunnen dus niet door de natuur afgebroken worden. Heldhaftige ontbinders zoals bacteriën, wormen en maden kunnen ze niet opeten en ze verrotten ook niet. Ze bestaan dus voor EEUWIG. Maar we kunnen ze WEL recycleren en hergebruiken.

FOSSIELE BRANDSTOFFEN

In het verleden gebruikten samenlevingen mensen- en dierenkracht om iets te duwen, te trekken of op te tillen.

Daar konden we paarden, ossen en olifanten goed bij gebruiken. Maar tegenwoordig maken we geen gebruik meer van olifanten. Behalve bij de was, natuurlijk.

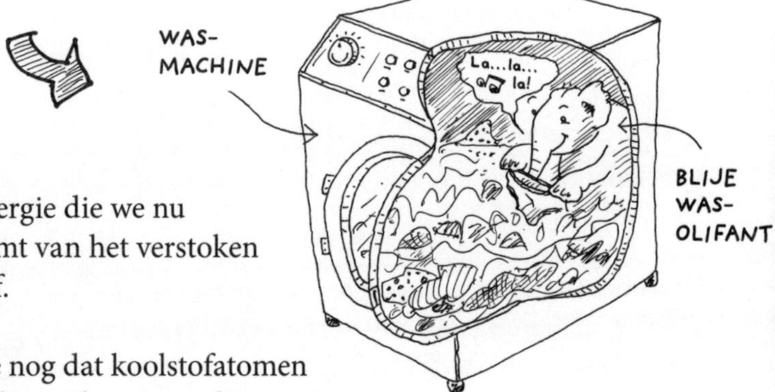

De meeste energie die we nu gebruiken komt van het verstoken van brandstof.

Herinner je je nog dat koolstofatomen een van de belangrijkste ingrediënten in jouw lichaam en al het andere leven op aarde zijn?

Ze zijn ook het belangrijkste ingrediënt van fossiele brandstoffen.

FEITENVAKJE

Het duurt miljoenen jaren om fossiele brandstoffen te doen ontstaan, dus uiteindelijk zullen we geen steenkool, olie en gas meer hebben. DUURZAME energiebronnen zoals zonne-, wind-, waterkracht- en biomassa-energie raken NIET op. Zonlicht, wind en water zijn het beste omdat ze geen schadelijke chemische stoffen afgeven aan de lucht. Biomassa moet alsnog verbrand worden, maar we KUNNEN er wel meer van maken. Het bevat hout of een gas of een brandbare vloeistof die gemaakt is van dierlijk vet of van planten.

Fossiele brandstoffen bestaan uit waterstof en koolstof.
STEENKOOL is een zwart soort steen.
Het is ontstaan uit drassig bos met prehistorische bomen en varens.

OLIE is een zwarte vloeistof lang geleden gevormd uit onderwater-bacteriën, algen en plankton.

AARDGAS is vooral methaan dat vrijkomt uit rottende dingen onder de grond.

Fossiele brandstoffen ontstaan als die dingen miljoenen jaren onder hoge druk komen te staan.

Het is hetzelfde proces dat leidt tot het ontstaan van DIAMANT.
Maar diamanten zijn een veel puurdere vorm van koolstof.
Het GRAFIET in jouw potlood staat dichter bij diamant dan steenkool.

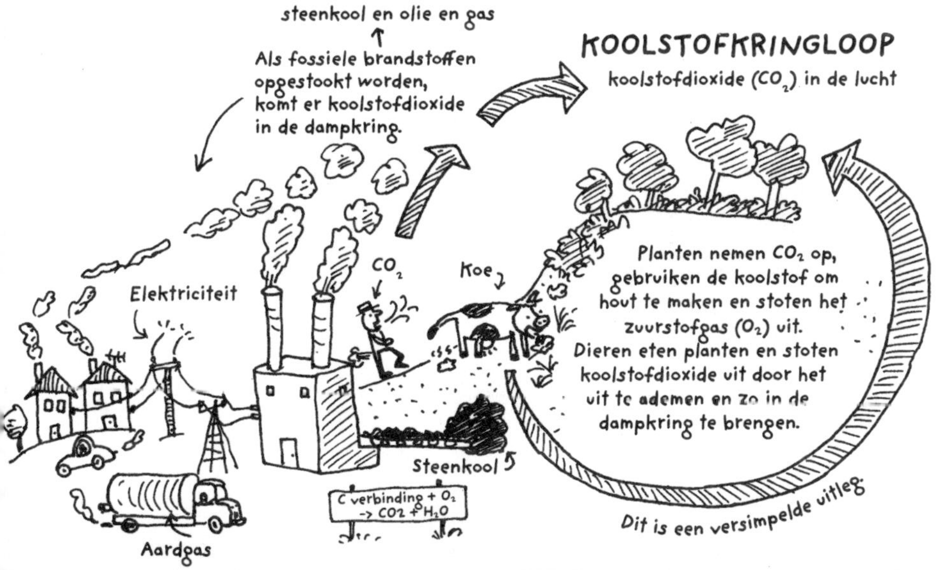

ENERGIE 'MAKEN'

Als een piano een heuvel op geduwd wordt, bevat hij de potentiële energie van de zwaartekracht die gaat werken...

Energie kun je niet maken (of kapotmaken).
Onthoud dat.
Dat is belangrijk.
EN als je het hardop zegt, klinkt het heel SLIM.

Door fossiele brandstoffen te verstoken MAKEN we niet echt energie.

We VERANDEREN de ene soort energie in de andere.

Toen de mens ontdekte dat verbranding een chemische reactie is waarbij energie VRIJKOMT in de vorm van licht en warmte, ging men op zoek naar manieren om het warmte-deel om te zetten naar bewegingsenergie. En om dat te gebruiken om onze machines AAN TE DRIJVEN.

maar als de piano over de rand wordt geduwd, verandert de zwaartekrachtenergie in bewegingsenergie.

Als de piano de grond raakt, gaat de energie naar het breken van de piano en verandert het ook in andere soorten energie, zoals geluidsenergie.
Want piano's stuiteren NIET.

Om energie te krijgen HOEVEN we niet per se brandstoffen te verstoken. We kunnen ook energie opvangen die er al is.

De propellers van een turbine vangen de bewegingsenergie op en zetten een rad in beweging dat verbonden is met een generator.

ZONNEPANELEN verzamelen de energie die door kernreacties in de zon voortgebracht wordt. Dat wordt omgezet in elektriciteit of in warm water.

WINDTURBINES vangen bewegende lucht en veranderen bewegingsenergie in elektrische energie.

WATERKRACHT werkt op dezelfde manier. Water wordt achter een dam opgevangen, en als je het weg laat stromen zet die energie een grote turbine in beweging die de energie van het water omzet in elektrische energie.

Kabouterenergie werkt meestal alleen in broodroosters, en dan alleen als ze uitgerust zijn met vlammenwerpers.

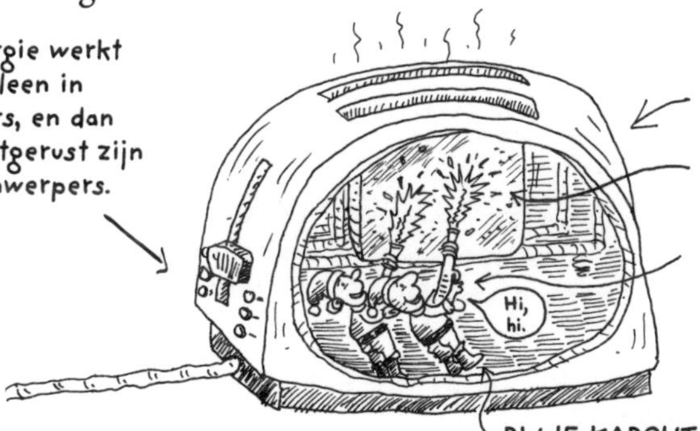

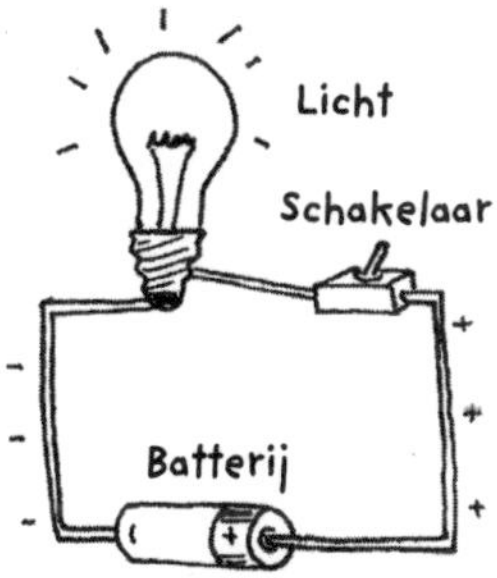

EENVOUDIG ELEKTRISCH CIRCUIT

Batterijen bevatten geen voorraadje ELEKTRICITEIT. Ze bevatten potentiële chemische energie, die in elektrische energie VERANDERT als je de schakelaar omzet.

ELEKTRICITEITSDRADEN zijn gemaakt van een metaal dat goed geleidt. De elektriciteit kan er makkelijk doorheen. De draden zijn bedekt met plastic, dat NIET geleidt. Dat zorgt dat de elektriciteit niet weglekt en dat jij geen schok krijgt.

MACHTIGE MACHINES

Weet je nog dat bij de zwaartekracht, bij magnetische kracht en bij wrijving de krachten altijd op alles inwerken?
Daardoor kunnen wij bewegen en afremmen en draaien en vallen.
En we kunnen door die krachten ook ophouden met al die dingen te doen.

Eenvoudige machines gaan kracht TOEPASSEN om sommige dingen MAKKELIJKER te kunnen doen of maken.

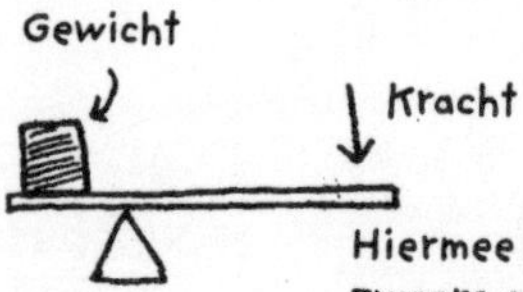

Hiermee kun je iets zwaars optillen

HEFBOOM

of mensen hoog de lucht in schieten.

WIEL en AS

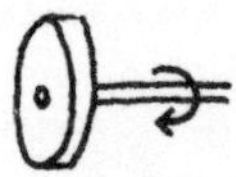

Draai de as en het wiel draait mee.

Wielen en assen worden gebruikt voor voortbeweging, het optillen van dingen en het voortbrengen van bruikbare energie.

SCHROEF

Schroeven kunnen iets bevestigen, samenvoegen, optillen, verplaatsen of in iets boren. Ze kunnen zelfs gebruikt worden om vloeistoffen omhoog te pompen.

WIG

Een wig tilt iets op, splijt iets, snijdt of bevestigt iets. Als het op een andere manier wordt gebruikt, dan wordt een wig een HELLEND VLAK.

KATROL

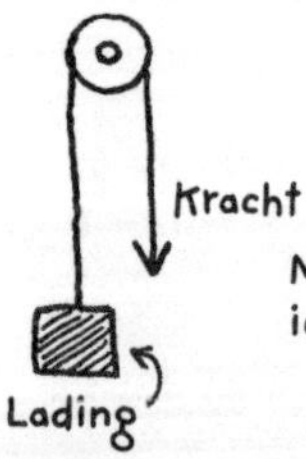

Met een katrol duw je iets of je tilt iets op.

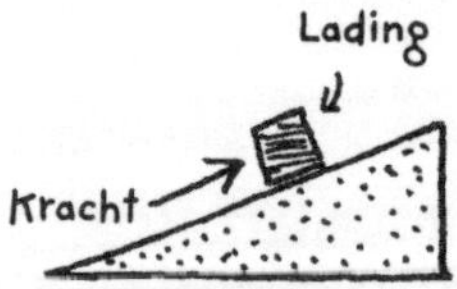

Dit gebruikten de Egyptenaren bij het bouwen van hun piramides.

Een hefboom *VERMENIGVULDIGT* kracht.

Hoe verder je van het *DRAAIPUNT* van een hefboom komt, hoe sterker de kracht vermenigvuldigd wordt.

Een wip, een koevoet en een schaar zijn voorbeelden van hefbomen.
Je vindt een hefboom in een kruiwagen, een flessenopener, pianotoetsen en een treinrem.

Hoe een hefboom werkt

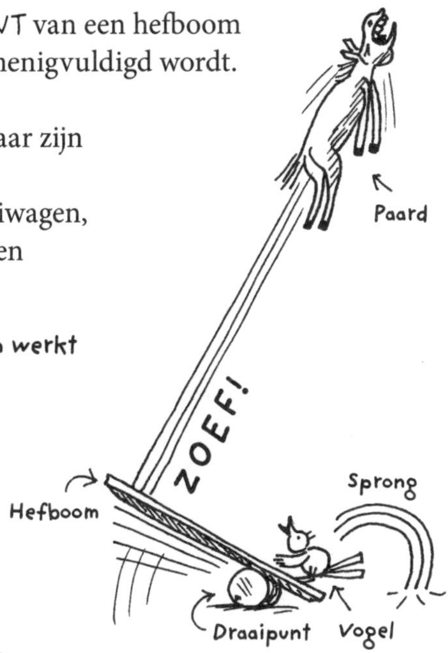

ALLE GECOMPLICEERDE MACHINES bestaan uit simpele machines waaraan extra onderdelen zijn toegevoegd.

Een auto en een automotor zijn gewoon duizenden simpele machientjes die samenwerken.

FEITENVAKJE

De *INDUSTRIËLE REVOLUTIE* (na ongeveer 1760) was het tijdperk van de gecompliceerde metalen machines. Het soort machines dat fabrieken mogelijk maakte. Mensen gingen in grote steden wonen en HEEL VEEL steenkool verbranden. Maar rond 1870 beseften ze dat gas en olie bruikbaarder waren. Ze maakten de auto, de telegraaf en de telefoon, synthetische materialen en plastic en elektriciteit. Na ongeveer 1960 ontwikkelden ze elektronica en computers. En kernenergie, de *GIGANTISCHE* kracht van het *PIEPKLEINE* atoom!

Een SPRINGVEER bewaart energie en geeft die weer af, zodat hij voor ons kan springen.

Tegenwoordig kunnen gecompliceerde machines zoals computers zelfs voor ons DENKEN.

COMPUTERS slaan gegevens op en verwerken ze. Ze nemen informatie op en volgen de instructies op waarmee ze GEPROGRAMMEERD zijn.

Daarna is de nieuwe informatie hun OUTPUT.

Toen machines ingewikkelder werden, hadden ze steeds meer energie nodig.

Om minder energie te verbruiken vond de mens MOTOREN uit om hitte om te zetten in beweging.

De vroegste echt krachtige motoren waren de STOOMMOTOREN. Die dreven snelle treinen en GROTE machines in fabrieken aan.

Door steenkool te verbranden begint water te koken, waardoor stoom ontstaat.
De druk van de stoom duwt een zuiger achter- en vooruit.
Die zet een krukas in beweging, waardoor het wiel gaat draaien.

NOG MEER MOTOREN!

De wetenschap van motoren lijkt moeilijk te begrijpen, maar dat valt wel mee.

Motoren die op benzine lopen, verliezen MINDER energie dan stoommotoren, omdat de brandstof IN de cilinder verbrand wordt. Door de reactie wordt de zuiger direct aangedreven.

Daarom worden ze INTERNE VERBRANDINGSMOTOREN genoemd.

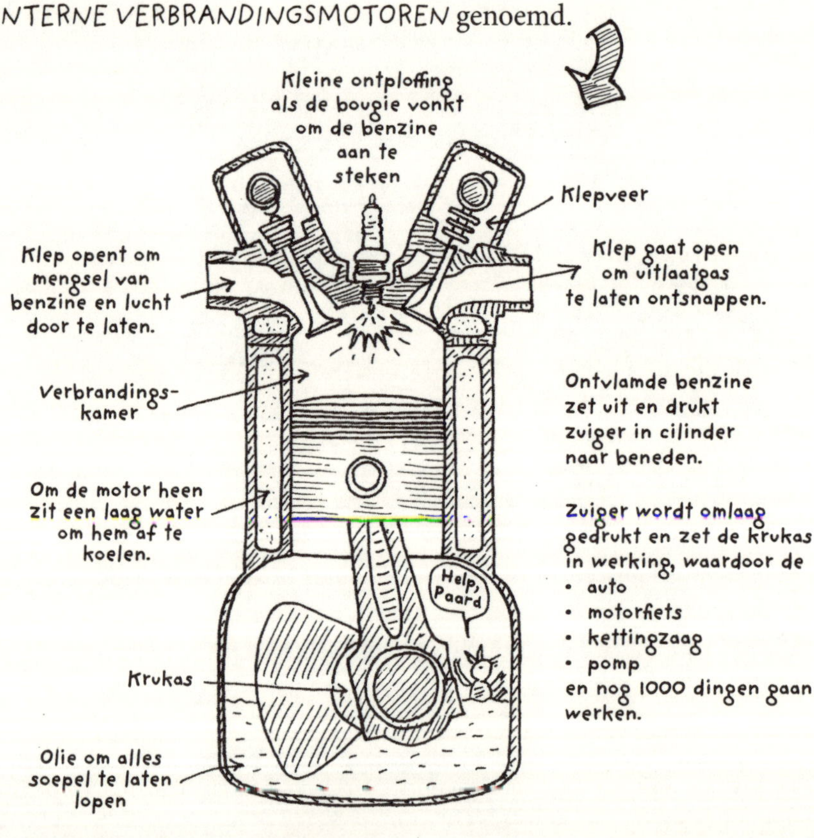

De stoommotor was een GROTE stap voorwaarts. Maar veel van de energie ging verloren. En er was veel hitte-energie nodig om het water te laten koken, dus werd er HEEL VEEL steenkool verbruikt. Er was behoefte aan BETERE MOTOREN.

Raketten en vliegtuigen maken gebruik van STRAALMOTOREN. Door een scheikundige reactie worden gasstralen achter de motoren weggeschoten.

Daardoor worden de voertuigen HEEL SNEL naar voren geprojecteerd.

Sommige grote schepen en onderzeeërs worden aangedreven door KERNENERGIE.

Uraniumatomen worden gesplitst om hitte te creëren. Dat heet KERNSPLITSING.

Zo werken kernbommen ook. Bij kernsplitsing wordt niets verbrand, maar je moet wel heel erg voorzichtig zijn. Zelfs als je niet mee-ONTPLOFT, kunnen de RADIOACTIEVE restdeeltjes die vrijkomen bij de reactie je ziek maken en doden.

Betty Stormzweef reist via een ongecontroleerde kernexplosie. (Dat wil zeggen: ze heeft het één keer geprobeerd!!)

FEITENVAKJE

Na een tijdje stopten we met het aandrijven van onze machines door stoommotoren en gebruikten we daarvoor in de plaats ELEKTRISCHE MOTOREN. In de motor verandert elektrische energie uit het stopcontact in bewegingsenergie, om zo apparaten in werking te zetten als wasmachines of de wielen van een elektrische auto. Toch wordt er nog altijd steenkool verbrand om stoom te maken. Het gebeurt alleen op andere plekken, zoals in enorme krachtcentrales waar de stoom gebruikt wordt om elektriciteit op te wekken.

WAANZINNIGE WIELEN

Gedurende HEEL lange tijd verplaatste de mens zich lopend.
En soms, als er een leeuw in de buurt was, rennend.

Maar toen werden we het lopen en rennen zat en vonden we het skateboard uit.

Oké, zo is het eigenlijk NIET ECHT gegaan…

Rond ongeveer 3500 v.Chr. vond iemand het wiel uit.

Rondrijden op één wiel was niet bijzonder leuk, en dus vond de mens na een tijdje het TWEEDE wiel uit.

NOG ALTIJD NIET HEEL ERG HANDIG, en dus vond iemand die AS* heette een machine uit. Een stuk hout om de twee wielen te verbinden.
Hij noemde het een AS.

* Recent onderzoek heeft aangetoond dat hij misschien niet As heette. Misschien was het niet eens een hij. Maar het ding heet dus wel echt een as.

Toen een sterke van metaal gemaakte as gecombineerd werd met het wiel, werden mensen pas echt…

sneller… 

en sneller…

en SNELLER…

en DAARNA WEER LANGZAMER… 

Rond 2000 v.Chr. werd het spakenwiel uitgevonden en toegepast in door paarden voortgetrokken koetsen.

In 1886 werd de eerste auto(mobiel) uitgevonden toen een benzinemotor toegevoegd werd aan een driewielige wagen.
Hij kon nog maar zo'n 16 km per uur, maar WIELEN + MOTOR = AUTO.
En nu heeft de snelste auto een topsnelheid van 435 km per uur.
En de langzaamste is die in een file.

VLIEG OP!

Het wiel werd in eerste instantie uitgevonden voor het pottenbakken, niet voor ons vervoer. De fluit werd zelfs eerder uitgevonden dan het wiel. Gelukkig kwam er toch iemand op het juiste idee.

De eerste vliegtuigen leken dan misschien meer op vogels…

maar ze vlogen niet.

DEZE vlogen ook niet.

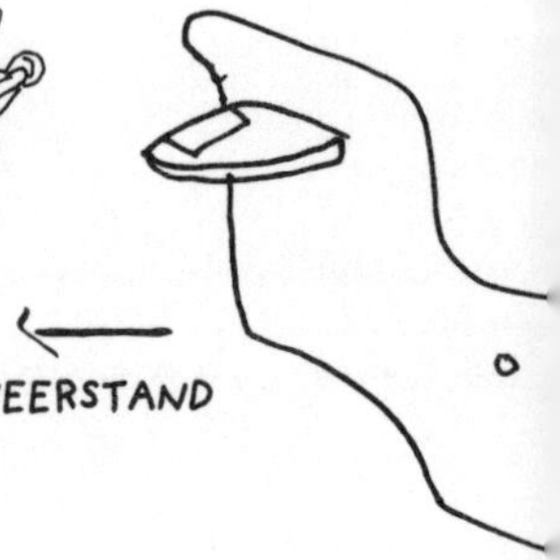

ZO zag het eerste gemotoriseerde vliegtuig eruit.

De eerste gemotoriseerde vlucht vond plaats in 1903. Twee Amerikaanse broers bevestigden een lichtgewicht motor aan een zweefvliegtuig. Het bleef 12 seconden in de lucht en vloog 37 meter ver.

Maar moet je zien wat we nu hebben…

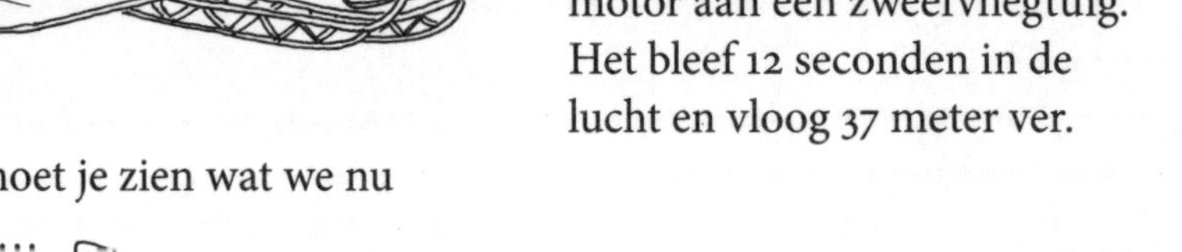

We gebruiken wielen en assen als kleine onderdeeltjes van horloges en om met gigantische turbines elektriciteit op te wekken. Zelfs een deurknop en een schroevendraaier die een schroef indraait, zijn een soort wiel en as. Zonder wielen zouden we geen fietsen en auto's hebben, en geen vliegtuigen...

Gerbrand Splat gebruikt het liefst een tong-o-kopter!!

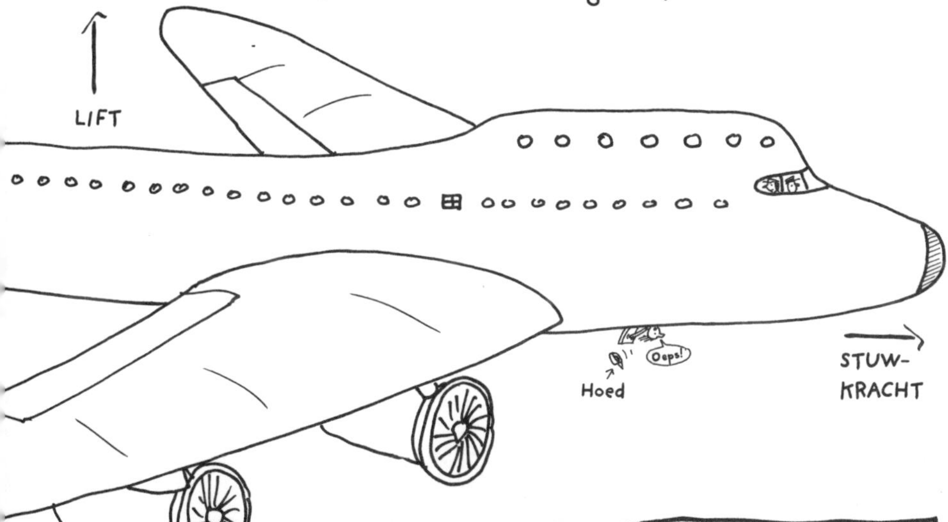

FEITENVAKJE

Een vliegtuig de lucht in krijgen lijkt onmogelijk, maar er wordt gebruikgemaakt van precies dezelfde wetenschap als bij een vliegende vogel. De krachten zijn WEERSTAND en STUWKRACHT, LIFT- en ZWAARTEKRACHT. Bij liftkracht gaat het om de lucht die om de vleugels heen beweegt, en die moet groter zijn dan de kracht die het vliegtuig naar beneden trekt. Stuwkracht komt van de motoren en die moet groter zijn dan de weerstand van het vliegtuig in de lucht.

STADS-SYSTEMEN

Onze lichaamsstelsels houden ons lichaam gaande. En onze steden beschikken ook over systemen. Die zijn meestal onzichtbaar. Je merkt er niks van, tot er iets FOUT gaat.

Bob reist per OORVLEUGEL.

Voor BOTEN en ENORME containerschepen zijn er ZEEROUTES.

Er zijn LUCHTROUTES die fungeren als wegen in de lucht voor vliegtuigen, zowel voor adelaarsvluchten als voor lichte oorvleugel- en pelikaantransporten*.

Via pelikaan

TRANSPORT- en WEGENSTELSELS helpen ons om op de grond veilig te kunnen reizen.

Schildpadkracht

* Sommige vervoermiddelen die hier genoemd worden, zijn niet gebaseerd op de WERKELIJKHEID.

Stel je voor wat er zou gebeuren als het RIOOLSTELSEL ons huishoudwater en stinkende toiletwater niet op magische wijze af zou voeren.
En als het niet naar een WATERZUIVERINGSINSTALLATIE zou gaan om gereinigd te worden voor het in zee verdwijnt?

Stel je voor dat het REGENWATERAFVOERSYSTEEM er niet voor zou zorgen dat de straten niet overstromen? Of dat we via ondergrondse leidingen geen schoon water zouden krijgen, en geen aardgas om mee te koken en ons huis te verwarmen?

Het systeem dat je het meest gebruikt, is het ELEKTRICITEITSNET.

Er stroomt elektriciteit van de krachtcentrale naar jouw straat en dan door kabels in jouw huis, zodat je het licht aan kunt doen.

Veel zeedieren kunnen hun eigen licht maken. Ze hebben cellen die we FOTOFOREN noemen, die met chemische stofjes of bacteriën licht maken. Dat kunnen wij niet. Daarom moesten we de gloeilamp uitvinden.

FEITENVAKJE

TELECOMMUNICATIE is communicatie op afstand door elektrische signalen en elektromagnetische golven. Tegenwoordig behelst dat telefoon, radio, tv en internet. Het INTERNET is een wereldwijd netwerk van speciale computers. Ze verspreiden informatie en dus kun jij net doen alsof je ALLES weet.

EN ER WAS LICHT!

De GLOEILAMP is een van de belangrijkste uitvindingen OOIT.

Als je in een gloeilamp kijkt, zie je een dun draadje. Dat gloeit op.

ELEKTRISCHE STROOM is het stromen van elektronen. Ze stromen door de gloeidraad van de minpool naar de pluspool. Maar dat stromen gaat NIET GEMAKKELIJK. De draad is van een ander materiaal gemaakt dan die in elektrische kabels.

Omdat er WEERSTAND is, wordt de draad warm en begint te gloeien.

Wat je dus EIGENLIJK ziet, is elektrische energie die verandert in hitte- en lichtenergie. Geweldig, toch?

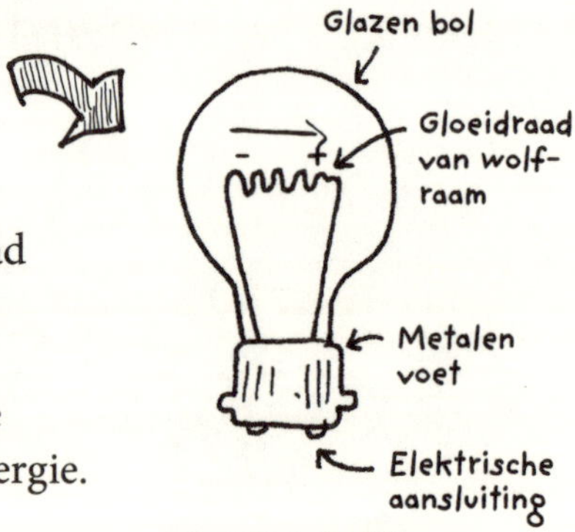

GLOEILAMP

De lamp is niet gevuld met lucht. Die bevat een ander gas dat voorkomt dat de draad, als hij heet wordt, reageert met zuurstof.

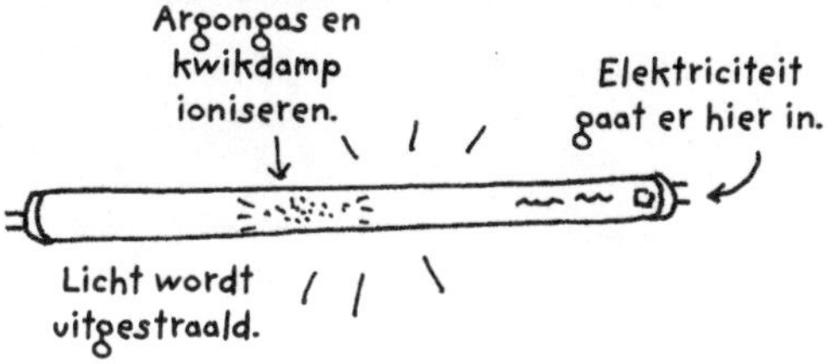

TL-BUIS

TL-BUIZEN zijn een beetje anders. Daarin wordt elektriciteit door een gas gestuurd.
Dat betekent dat er geen warmte-energie verloren gaat.

Alle energie in de TL-lamp verandert in licht.
Veel lampen zijn tegenwoordig ledlampen.
Led is de afkorting van het Engelse *LIGHT EMITTING DIODE*: diode die licht uitstraalt.

LEDLAMP

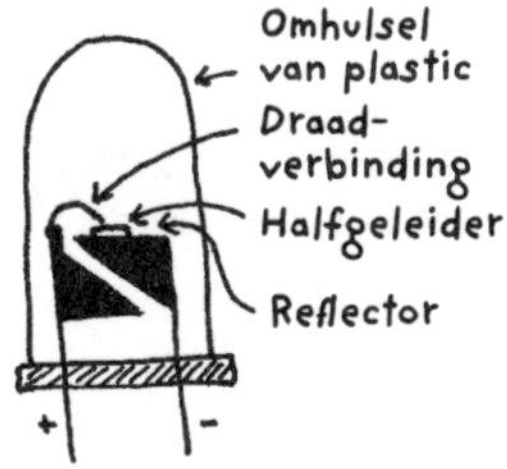

Een scherm is niets anders dan heel veel leds bij elkaar. Net als in verkeerslichten, digitale wijzerplaten van horloges en bijna alle elektronica.

Leds zijn heel klein. Ze zijn gemaakt van iets wat we *HALFGELEIDEND MATERIAAL* noemen. Dat reageert als er elektriciteit doorheen gaat.
Met verschillende chemische stoffen krijg je verschillende kleuren.

FEITENVAKJE

Je kunt tv-kijken dankzij duizenden kleine ledlampjes die oplichten op je scherm en zo samen een beeld vormen. Heel veel plaatjes die net wat van elkaar *VERSCHILLEN*, flitsen voor je ogen langs, en die houden je hersens op zo'n manier voor de gek dat je denkt dat je beweging ziet. Alsof je een stop-motion-animatie maakt.

Zelfs de eenvoudigste keizerrijken legden grote wegensystemen aan om ze voor de handel te gebruiken en soldaten en voorzieningen op de juiste plek te krijgen. Daarna zetten ze meestal meteen een poststelsel op.

Het is moeilijk om je een tijd zonder telefoons voor te stellen. Daarom hier wat instructies om er zelf één te bouwen.

Maak een gaatje in de onderkant van de blikjes (zie tekening 1).
Steek het uiteinde van de draad door het gat van het eerste blikje.

TEKENING 1

Leg een knoop om een gebruikte lucifer.

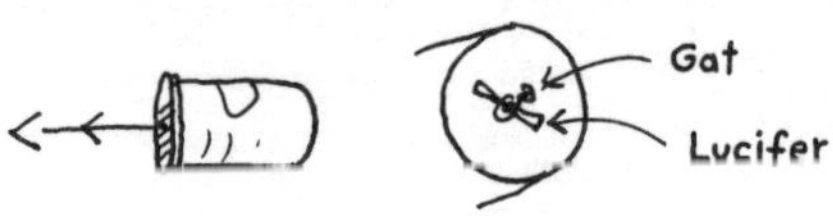

Trek de draad strak.
Doe hetzelfde met blikje 2.

Herinner je je nog dat we van andere mensapen verschillen door onze taal en ons samenwerken? Zodra de mens een nieuwe technologie uitvindt, wordt die gebruikt om te

COMMUNICEREN!

Hou nu zelf blikje 1 vast en geef blikje 2 aan een vriend.
Loop van elkaar vandaan tot de draad strak staat.
Vanaf nu zijn er twee mogelijkheden.

Mogelijkheid 1: jullie staan heel ver van elkaar vandaan.

Mogelijkheid 2: jullie staan heel dicht bij elkaar.

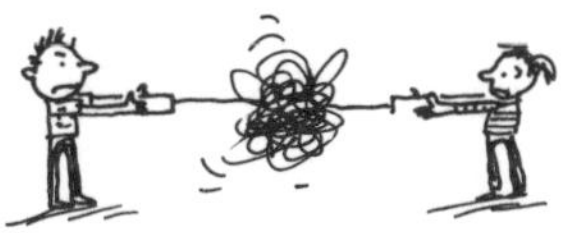

In dat laatste geval moet je de draad uit de knoop halen.

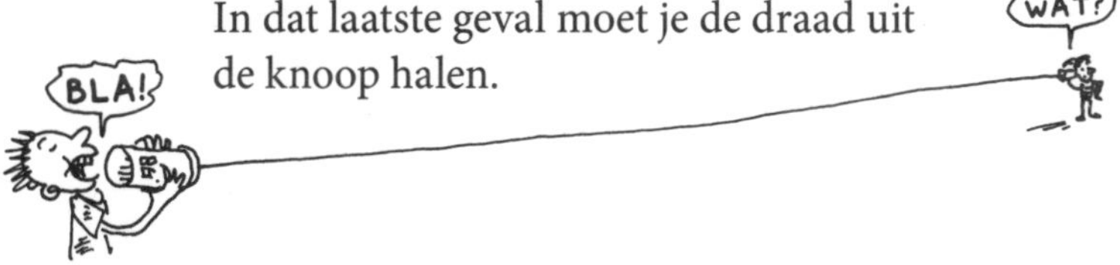

NU kun je blikje 1 bij je mond houden en gaan praten.
Je vriend* houdt blikje 2 bij zijn oor en luistert.

Jouw stem is niets anders dan de lucht die door het STROTTENHOOFD in je keel wordt geduwd. Daardoor gaan je STEMBANDEN trillen. Die zorgen voor trillingen in de lucht, die weer voor trillingen in het blikje zorgen. De geluidsenergie blijft trillen door de draad!

* Of een vriend van iemand anders, of je hond.

Voordat er blikjes bestonden, moest je een brief sturen om over een langere afstand met iemand te communiceren, of je moest rooksignalen maken of gecodeerde trommelslagen.

Blikjes werden in het jaar 1810 uitgevonden, niet om mee te bellen, maar om eten in te bewaren.

Gelukkig werd al snel daarna de TELEGRAAF uitgevonden.

MORSE was een code waarmee je boodschappen over de hele wereld kon sturen door een combinatie van korte en lange elektrische stootjes te gebruiken. Oftewel: PUNTEN en STREEPJES.

A •–	J •–––	S •••	1 •––––
B –•••	K –•–	T –	2 ••–––
C –•–•	L •–••	U ••–	3 •••––
D –••	M ––	V •••–	4 ••••–
E •	N –•	W •––	5 •••••
F ••–•	O –––	X –••–	6 –••••
G ––•	P •––•	Y –•––	7 ––•••
H ••••	Q ––•–	Z ––••	8 –––••
I ••	R •–•	0 –––––	9 ––––•

Zo'n bericht werd een TELEGRAM genoemd.
Schepen, vliegtuigen en nooddiensten maakten allemaal gebruik van morse. De berichten konden per radio of door telegraafdraden worden verstuurd.

FEITENVAKJE

Bij elke vorm van communicatie is er een ZENDER die het bericht omzet in iets wat een afstand af kan leggen (een SIGNAAL). Er is een medium waarmee het signaal zich kan verplaatsen, dat noemen we het KANAAL, en er is een ONTVANGER aan het andere einde, om het bericht om te zetten in iets wat we begrijpen. Soms kan een apparaat zowel een zender als een ontvanger zijn.

DRAADLOOS PRATEN

Sommige straling is gevaarlijk. Maar andere soorten straling zijn voortdurend om ons heen. Weet je nog dat we schreven dat licht onderdeel is van het elektromagnetische spectrum?

Licht is het deel van het elektromagnetische spectrum dat we kunnen zien.
Andere soorten van elektromagnetische straling zijn bijvoorbeeld microgolven, röntgenstraling en RADIOGOLVEN.
Die zijn allemaal heel handig.

Een mobiele telefoon is een handige tweezijdige radio.

In grote torens wordt het signaal versterkt en verstuurd naar waar het moet zijn.

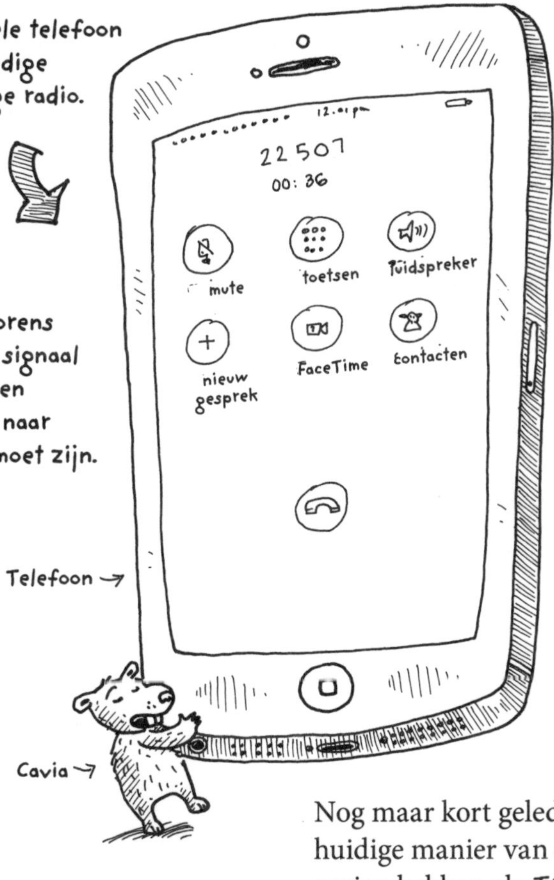

Je stem of je berichtje wordt omgezet naar elektrische signalen, die zich door de lucht voortbewegen met behulp van radiogolven.

Satelliettelefoons sturen hun signaal naar de ruimte, om weerkaatst te worden door een satelliet.

Nog maar kort geleden zouden we onze huidige manier van communiceren gezien hebben als TOVENARIJ.

6

DE TIJD VLIEGT

HEB JIJ DE TIJD?

Toen je een baby was, had je alle tijd.
Nu heb je ook nog heel veel tijd.
Maar wanneer je ouder wordt, voelt het alsof je steeds minder tijd overhebt.
Er zijn steeds meer dingen die je MOET.
En er zijn ook steeds meer dingen die je KUNT.

Als de tijd langzaam gaat, dan kunnen we ons gaan vervelen.
Als de tijd snel gaat, dan kunnen we uitgeput raken.

Als je plezier hebt, vliegt de tijd.
Hij vliegt het snelst als je je bed niet uit wilt komen.

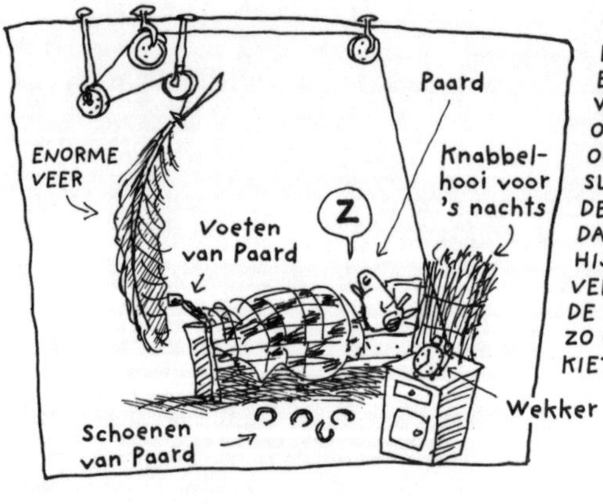

PAARD HEEFT EEN BIJZONDERE WEKKER. OMDAT HIJ MET OORDOPJES IN MOET SLAPEN, HOORT HIJ DE WEKKER NIET. DAAROM GEBRUIKT HIJ EEN ENORME VEER* DIE TRILT ALS DE WEKKER GAAT EN ZO ONDER ZIJN VOET KIETELT.

* HET KLEINE ENORME-VEER-VOGELTJE

Enorme veren komen van een piepklein vogeltje dat een heel lange staart heeft die uit één grote veer bestaat.

Maar we kunnen de tijd op geen enkele manier stopzetten.

TIJD IS ZO BELANGRIJK DAT WE ER DE HELE TIJD OVER PRATEN...

GEZEGDES OVER TIJD

Tijd is geld
Bij de tijd zijn
Bij tijd en wijle
De tijd zal het leren
Tijd heelt alle wonden
Een man van de klok
Iets aan de grote klok hangen
De tijd vliegt
Tijdbom
Je tijd verdoen
Je tijd uitzitten
Op tijd
Goede tijden
Slechte tijden

TIJD IS MEER DAN EEN GEVOEL

Tienduizenden jaren lang hebben mensen in alle culturen van de wereld geprobeerd de tijd met behulp van klokken en kalenders op te delen en te ordenen.

EEN ZONNEWIJZER
Met de baan die de zon aflegt aan de hemel werpt hij een schaduw op de wijzer. De stand van de zon geeft dus aan hoe laat het is. Werkt alleen niet 's nachts en als het bewolkt is.

DE STERREN
'S Nachts zien we sterren. Ze draaien rond de hemelpolen, en uit hun positie kunnen we de tijd aflezen. Werkt niet overdag.

EEN ZANDLOPER
Het zand valt van het bovenste glazen buisje door een klein gaatje naar het onderste. Handig bij korte periodes, misschien zelfs bij een dag. Maar voor langere periodes heb je een GIGANTISCHE zandloper nodig.

EEN EGYPTISCHE WATERKLOK
Lijkt een beetje op de zandloper, maar dan met water. Kon een paar dagen lang de tijd aangeven. Is wel vaak heel groot, dus hem bij je dragen is lastig.

Hedendaagse klokken zijn heel anders. Die werken door de TIKJES of TRILLINGEN te tellen van iets dat beweegt of verandert.

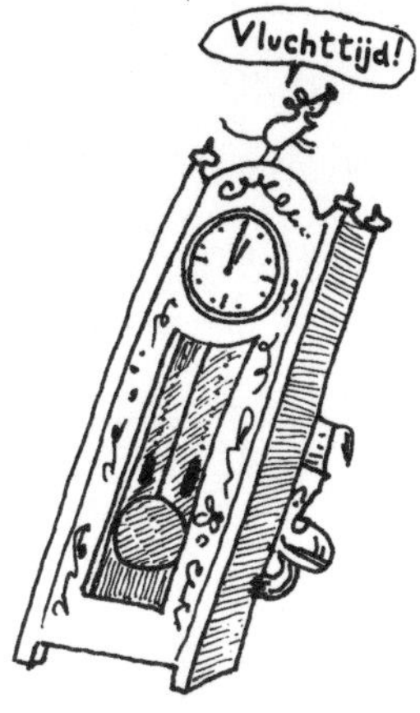

SLINGERKLOKKEN

In 1656 werd een klok uitgevonden die de tikken van een heen en weer zwaaiend gewicht telde. Het was de eerste echt nauwkeurige klok.

MECHANISCHE KLOKKEN

Nadat metalen veren en metalen onderdelen waren ontwikkeld, telden klokken het slingeren van een klein balansje vanbinnen. Dat werkt goed, zolang je het opwindt.

DIGITALE KLOKKEN

Digitale klokken met een batterij hebben bijna alle andere manieren om de tijd bij te houden verdreven. De tijd op jouw telefoon is gebaseerd op een signaal van een GPS-satelliet die om de aarde cirkelt.

ATOOMKLOKKEN

Ongeveer 400 atoomklokken werken samen om de UTC vast te stellen. Ze meten de tijd die het een cesiumatoom kost om heen en weer te veranderen tussen twee toestanden. Het is HEEL ingewikkeld.

KWARTSKLOKKEN

Die tellen heel precies de trillingen van een kwartskristal in een klok. Ze werden voor het eerst in 1927 gebouwd en kunnen DIGITAAL of ANALOOG zijn.

FEITENVAKJE

Na 1847 was GREENWICH MEAN TIME (GMT) de standaardtijd voor iedereen. Nu is de COORDINATED UNIVERSAL TIME (UTC) de internationale standaard. Dat betekent dat iedereen het eens is over hoe laat het is, bijvoorbeeld aan boord van een vliegtuig of het Internationaal Ruimtestation. UTC wordt niet beïnvloed door zomer- en wintertijd of door tijdzones.

Je TIJDZONE geeft aan hoe laat het is waar jij NU bent.
Dat is gebaseerd op hoe ver je van de gecoördineerde wereldtijd of Coordinated Universal Time (UTC) af bent.

Het Verenigd Koninkrijk ligt in 'het midden' van de kaart en gebruikt UTC, omdat ze daar in 1880 op het idee kwamen.

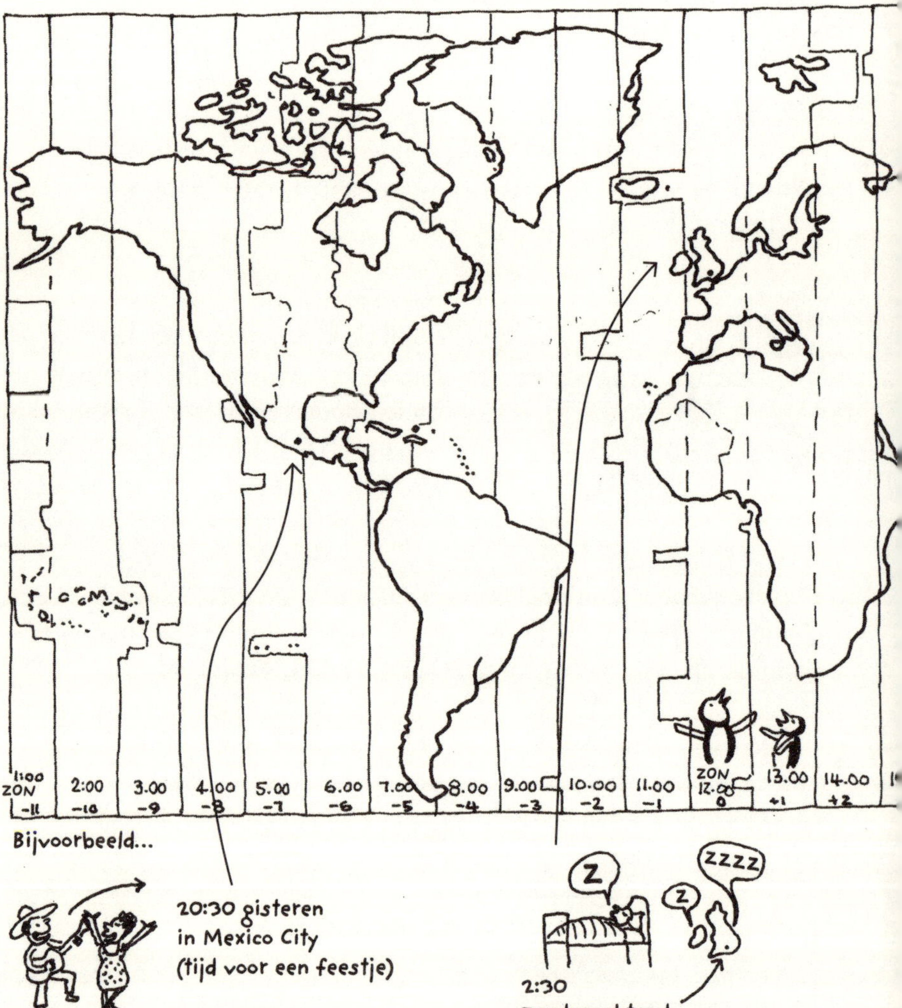

Denkbeeldige lijnen tussen de ene pool en de andere lopen of 'voor' of 'achter' op de UTC, afhankelijk van waar ze op de kaart staan.

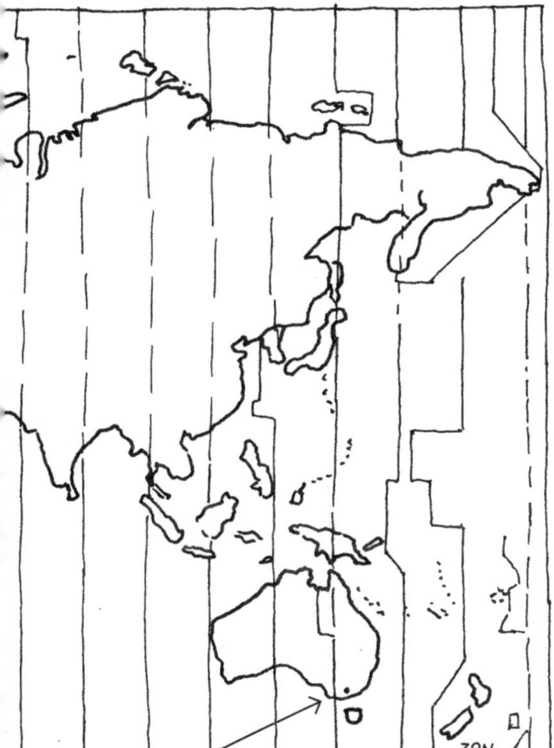

De meeste klokken verdelen 24 uur in 12 uur a.m. *(ante meridiem:* vóór 12 uur 's middags) en 12 uur p.m. *(post meridiem:* na 12 uur 's middags). Drie uur in de middag wordt dan 3:00 p.m. 3 uur 's ochtends is 3:00 a.m.

Maar sommige klokken, zoals die van ons, gebruiken 24-UURSTIJD. Dat betekent dus dat we de uren van nul tot en met 23 tellen.

Bij 24-uurstijd tel je steeds 12 uur op. Drie uur in de middag is bij ons dus 15:00 uur (3 + 12). En halfvier is 15:30 uur.

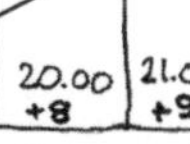

En... zondag in Melbourne, Australië om 13:30 (tijd om te lunchen)

FEITENVAKJE

ZOMER- EN WINTERTIJD krijg je wanneer de klok veranderd wordt om ons op zomeravonden een extra uur daglicht te geven. In de lente, wanneer de dagen langer worden, zet je de klok één uur vooruit, en dan weer een uur terug in de herfst. Niet alle landen gebruiken zomer- en wintertijd. Soms gebruiken staten in hetzelfde land het niet eens allemaal.

KALENDERS

De meeste samenlevingen baseerden hun kalender op wat ze aan de hemel konden zien – de cycli van de maan (maanden) of van de zon (jaren).

Er zijn dus MAANKALENDERS en ZONNEKALENDERS.
Een van de eerste maankalenders bevindt zich in Schotland.
Die is ongeveer 10.000 jaar oud en HEEL GROOT.

De oude Babyloniërs konden aan de hemel de zon, de maan, Mercurius, Venus, Mars, Jupiter en Saturnus zien staan, dus zij hielden van het getal zeven. Ze bepaalden dat een week zeven dagen had.

We zijn ook aan het idee van 60 seconden of 60 minuten gewend.

Ons telsysteem is op tientallen gebaseerd, maar 4000 jaar geleden baseerden zij dat op het getal 60. Moet je je eens voorstellen hoe tafelsommen er toen uitzagen!

Na 1582 gebruikte het grootste deel van de wereld de GREGORIAANSE KALENDER.
Dat is GROTENDEELS een zonnekalender, maar een heel slimme, omdat hij een SCHRIKKELJAAR bevat.
Ons kalenderjaar heeft 365 dagen, maar weet je nog dat we er 365,25 dagen over doen om rond de zon te draaien?

Elke vier jaar voegen we dus een extra dag toe (29 februari) om de kalender weer te laten kloppen met het zonnejaar.

Om het moeilijker te maken: onze maanden kloppen NIET met de maancyclus zoals we die waarnemen vanaf de aarde. Het duurt ongeveer 29,5 dagen voor we weer een vollemaan zien, maar onze maanden hebben 30 of 31 dagen (behalve februari natuurlijk).

Onze 12 maanden zijn gebaseerd op een Romeinse kalender van 46 v.Chr. Eerst had die maar 10 maanden, maar de Romeinen voegden er twee maanden aan toe aan het BEGIN van het jaar.

Daarom betekent ‘september’, de negende maand, in het Latijn eigenlijk ‘zevende’. En oktober, november en december betekenen ‘achtste’, ‘negende’ en ‘tiende’.
Handig hoor, Romeinen!

FEITENVAKJE

De gregoriaanse kalender is de officiële kalender die over de hele wereld wordt gebruikt, maar er zijn nog zes andere kalenders in gebruik – de Chinese, Hebreeuwse, islamitische, Perzische en Ethiopische kalenders, en de Balinese Pawukon. Als je een schrikkeljaar al verwarrend vindt, probeer dan eens een maankalender te gebruiken. Dan moet je om goed uit te komen elke paar jaar een 13de maand toevoegen.

JE LICHAAM = EEN KLOK

Levende wezens hebben een natuurlijk ritme dat zich elke 24 uur herhaalt. Dat noem je een BIORITME. Het wordt bestuurd door je BIOLOGISCHE KLOK.

Planten hebben er één, dieren hebben er één. REUZENSPINNEN hebben er één. Zelfs schimmels en bacteriën hebben zo'n lichaamsklok.

Die klok geeft aan wanneer ze actief moeten zijn en moeten groeien, en wanneer ze moeten slapen of eten.

Hij regelt ook dat de rest van de lichaamsstelsels meewerkt aan het natuurlijke ritme.
Hij weet zelfs wanneer het de beste tijd is om tegen een ontsteking te vechten, een wondje te laten genezen of je eten te verteren.
Overdag, namelijk, dus niet 's nachts nog even wat gaan snoepen!

Een gedeelte van je hersens met een ONGELOOFLIJK ingewikkelde naam stuurt chemische signalen naar alle verschillende delen van je lichaam.

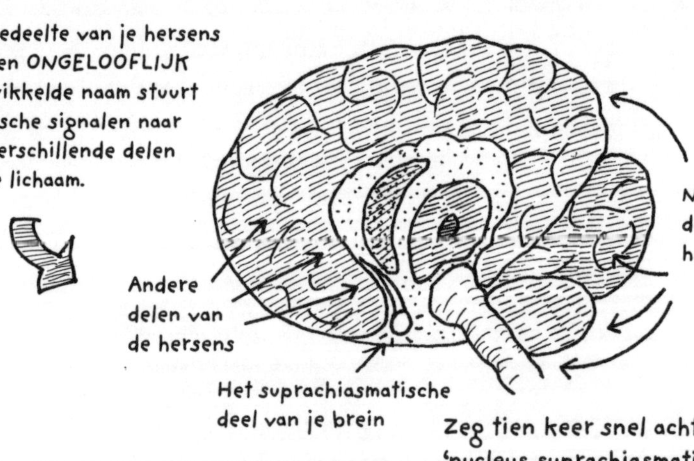

Zeg tien keer snel achter elkaar: 'nucleus suprachiasmaticus'!

Planten 'ademen', maar dat is alleen 's nachts aan te tonen. Sommige paddenstoelen geven licht in het donker, om insecten te lokken, maar om geen energie te verspillen gloeien ze overdag niet. En jouw huisdier zit misschien bij de deur te wachten als jij thuiskomt, en toch heeft het niet op de klok gekeken.

Zelfs de oogloze grotvissen die zich in de loop van de tijd zo ontwikkeld hebben, hebben een gevoel van tijd.
Maar na twee miljoen jaar zonder zon rekent hun bioritme met 47 uur, niet met 24.

Vogels beginnen elk jaar op dezelfde tijd aan de vogeltrek. Andere dieren leggen een voorraad eten aan voor de winter. Springspinnen (die zijn heel slim) kunnen vooruitdenken, ze bedenken een route in hun hoofd en volgen die om hun prooi te besluipen (HUIVER!).
Andere dieren onthouden of leren dingen, maar hebben ze een geschiedenis of kunnen ze zich dingen herinneren?
Dat weten we niet. Misschien kan alleen de mens dat.

FEITENVAKJE

Je biologische klok kan worden verstoord door bijvoorbeeld kunstlicht, te veel achter een scherm zitten of de hele nacht wakker blijven. Je hebt een JETLAG als je biologische klok en de plaatselijke klok niet gelijklopen. Als je naar een andere tijdzone vliegt, kan het zijn dat de klok zegt dat het 2:00 uur 's nachts is, maar je lichaam zegt dat het ETENSTIJD is. Gelukkig kun je je lichaamsklok snel laten wennen aan de nieuwe klok.

REUZENSPINNEN DOOR DE TIJD

NEANDERTHALER-REUZENSPIN

HET STENEN TIJDPERK

(tot ongeveer 3000 v.Chr.*)

Vond het vuur uit, taal, muziek, kleding, weefsels en gebouwen, gereedschappen en wapens van steen en hout, kunst en de pottenbakkersschijf, boten, boerderijen en het domesticeren van dieren, klokken en kalenders, het vroege schrift, tellen en geld. Geen slecht begin!

* v.Chr. = voor Christus

STENEN TIJDPERK-REUZENSPIN

HET BRONZEN TIJDPERK

(3000 v.Chr. tot ongeveer 1200 v.Chr.)

Metaal maakte alles makkelijker. Vond metalen gereedschappen, wapens, sieraden en potten uit, echte wielen en wagens, de katrol, zeep, de paraplu, schrijven, papyrus en steden. Verbeterde alles uit het stenen tijdperk.

Het Egyptische Rijk bv.

EGYPTISCHE REUZENSPIN

HET IJZEREN TIJDPERK

(1200 v.Chr. tot ongeveer 650 n.Chr.*)

Vond peddels uit, grote schepen en munten. Bovendien maakte ijzer bijna alles beter, vooral boerderijgereedschappen, transport en wapens. Maar als je aan het verkeerde eind van een zwaard of een pijl stond, voelde het *NIET* beter.

* n.Chr. = na Christus

De reuzenspin kwam meer te weten over zijn geschiedenis toen archeologen dingen uit zijn verleden opgroeven. Vroegere reuzenspinnen werden vaak begraven met dingen die belangrijk voor ze waren, dus aan die dingen konden geschiedkundigen aflezen hoe ze leefden en wat ze belangrijk vonden.

Het Griekse Rijk bv.

OUD-GRIEKSE REUZENSPIN

De Chinese Qin- en Han-dynastieën bv.

CHINESE TERRACOTTA-LEGER-SOLDAAT-REUZENSPIN

Het Romeinse Rijk bv.

ROMEINSE REUZENSPIN 200 V.CHR.

DE MIDDELEEUWEN (tussen ongeveer 500 n.Chr. en 1450 n.Chr.)

Het tijdperk van de Vikingen bv.

TIENDE EEUW VIKINGREUZENSPIN

REUZENSPINNEN IN MEER RECENTE TIJDEN

Het middeleeuwse Europa bv.

MIDDELEEUWSE REUZENSPIN

16DE-EEUWSE REUZENSPIN

DE VROEGMODERNE TIJD (tussen ongeveer 1450 en 1750 n.Chr.) Handel en geld werden echt belangrijk. De drukpers, stoommachines en wetenschap waren grote ontwikkelingen. Met hun grote schepen konden sommige imperia de HELE WERELD ontdekken.

18DE-EEUWSE PIRATENREUZENSPIN

DE MODERNE TIJD (tot ongeveer 1945, inclusief de industriële revolutie)

19DE-EEUWSE COWBOYREUZENSPINNEN

WAT WE ONS NOG HERINNEREN KUNNEN

De meer recente reuzenspinhistorie is opgeschreven en vastgelegd. Een PRIMAIRE BRON is iets wat gecreëerd werd op het moment zelf, door de mensen die het meemaakten. Een SECUNDAIRE BRON is door iemand gecreëerd op basis van primaire bronnen.

FEITENVAKJE

Het viel je misschien op dat veel belangrijke zaken zoals op boerderijen gaan leven en het domesticeren zo'n 10.000 jaar geleden voor het eerst gebeurden, in het stenen tijdperk. Dat noemen we de NEOLITHISCHE REVOLUTIE. Neolithisch stenen gereedschap was beter gemaakt en gladder dan daarvoor. De periode voor het neolithicum noemen we het PALEOLITHISCHE STENEN TIJDPERK.

TERUGKIJKEN

Oké, MISSCHIEN was dat niet de geschiedenis van de reuzenspin, maar van de MENS. Maar de rest is helemaal waar.

De PREHISTORIE is de tijd van vóór het schrijven. Mensen konden verhalen onthouden en doorvertellen, maar niet vastleggen.

De vroegste geschreven geschiedenis is niet heel nauwkeurig. Twee van de ALLERBEKENDSTE historische verhalen, de ILIAS en de ODYSSEE, werden (waarschijnlijk) voor het eerst tussen 700 en 800 v.Chr. opgeschreven in het oude Griekenland. Maar de gebeurtenissen waar ze over gaan, zijn (waarschijnlijk) veel ouder.

De schrijver was (waarschijnlijk) een gast die Homerus heette, of (waarschijnlijk) een groep mensen.
De verhalen waren (waarschijnlijk) een verzameling van oudere gedichten en liedjes die de mensen uit die tijd hielpen om zich de geschiedenis te herinneren van lang voor de uitvinding van het schrift.

Maar de verhalen uit deze boeken worden nog steeds verteld. Je hebt misschien wel gehoord van de Griekse god Zeus, of het verhaal van het Paard van Troje.

VOGEL, 10.000 JAAR GELEDEN

PAARD IN ZIJN VORIGE EGYPTISCHE LEVEN

Een slimme geschiedkundige denkt altijd na over wie de schrijver is en wat zijn bedoelingen waren. En hij controleert verschillende bronnen om zeker te weten dat de volledige waarheid wordt verteld.

TERUG NAAR DE TOEKOMST!

Alles wat we van prehistorische dieren en planten weten, weten we omdat ze fossielen achterlieten.

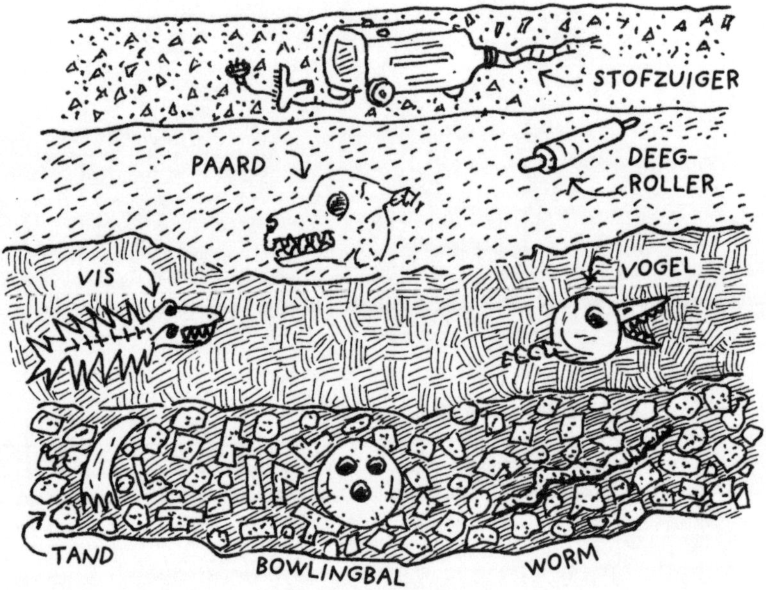

FOSSIELEN

* GEEN ENKEL. Ze werden allemaal begraven NA de uitvinding van de bowlingbal in 1862.

We noemen iets een fossiel als het meer dan 10.000 jaar oud is. De oudste zijn ongeveer 3,5 miljard jaar oud. Hoeveel van de dingen die je hier ziet zijn werkelijk een fossiel?*

Hoe word je een fossiel?
Ga dood.
Word meteen begraven.
Zand of modder is het beste.
Wacht twee miljoen jaar,
terwijl mineralen je botten in
steen veranderen.
Word ontdekt. Voilà!

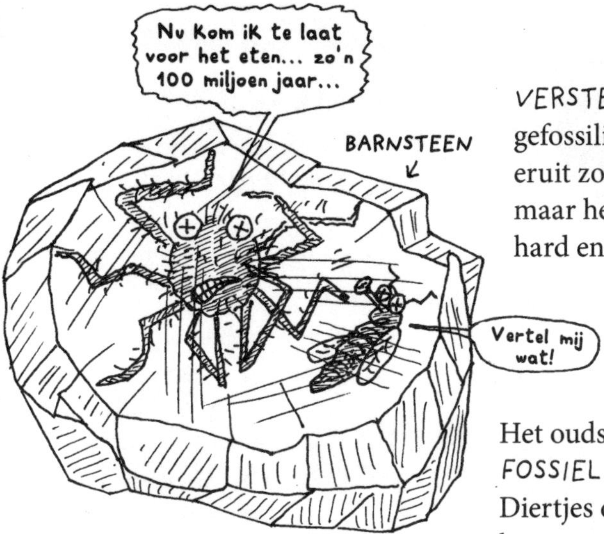

VERSTEEND HOUT is een gefossiliseerde boom. Het ziet eruit zoals het er altijd uitzag, maar het is nu HEEL oud, HEEL hard en gemaakt van steen.

Het oudste BARNSTENEN FOSSIEL is 320 miljoen jaar oud. Diertjes die in hars vast waren komen te zitten, het kleverige sap uit oeroude bomen, werden in volmaakte staat bewaard.

Ze zien er nog net zo uit als toen ze leefden.

Ooit was het verleden de toekomst.
Op een dag zullen alle dingen in JOUW leven geschiedenis zijn. Maar je hoeft niet twee miljoen jaar te wachten, in steen te veranderen of opgegraven te worden als fossiel. Je kunt een TIJDCAPSULE maken.

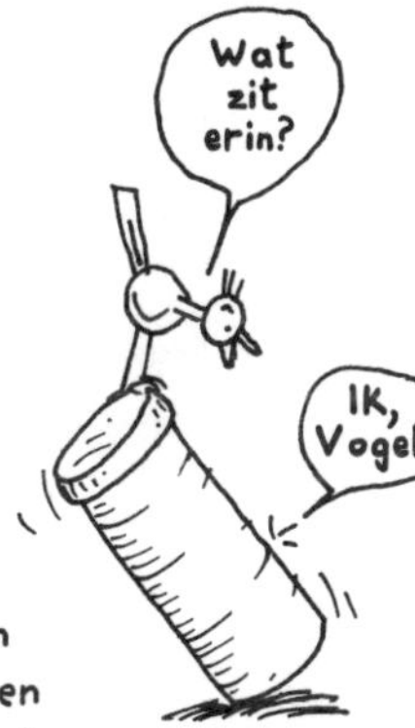

Een tijdcapsule is een afgesloten doos of blik dat je vult met dingen die het waard zijn om onthouden te worden – je schatten of berichtjes of tekeningen, of informatie die volgens jou overgedragen moet worden in de toekomst.

Er ligt zelfs een tijdcapsule op de maan, die daar is achtergelaten door de astronauten van de Apollo 11. Het is een schijf die ongeveer zo groot is als een muntje van 50 cent. Er staan berichten op van wereldleiders. Op de voorkant staat: 'We kwamen in vrede, namens de gehele mensheid.'

HOELANG HEB JIJ?

Een mens krijgt hooguit ongeveer 100 jaar om te leven. En voor een zoogdier is dat behoorlijk veel.

REUZENSPIN 5 JAAR OUD

Huon-dennen in Tasmanië kunnen wel 3000 jaar worden, en heel veel planten leven honderden jaren.

Sommige walvissen en vissen kunnen ook wel honderd of meer jaar leven. Het oudste landdier is een enorme schildpad die Jonathan heet en 189 jaar oud is.

REUZENSPIN... NU!

Maar een volwassen eendagsvlieg leeft maar zo'n vijf minuten.

Sommige spinnen moeten hun hele leven in één jaar proppen. Andere, zoals de goliathvogelspin, kunnen 20 jaar oud worden.

Sponzen leven duizenden jaren. Mosselen kunnen honderden jaren leven. En er is een soort kreeft die nooit ouder wordt. Maar één soort heeft het EEUWIGE LEVEN! De onsterfelijke kwal.

Turritopsis dohrnii

Deze kreeft wordt niet ouder, maar na ongeveer 30 jaar sterft hij tijdens het vervellen.

Waarom blijven we niet eeuwig leven? Omdat we VEROUDEREN.

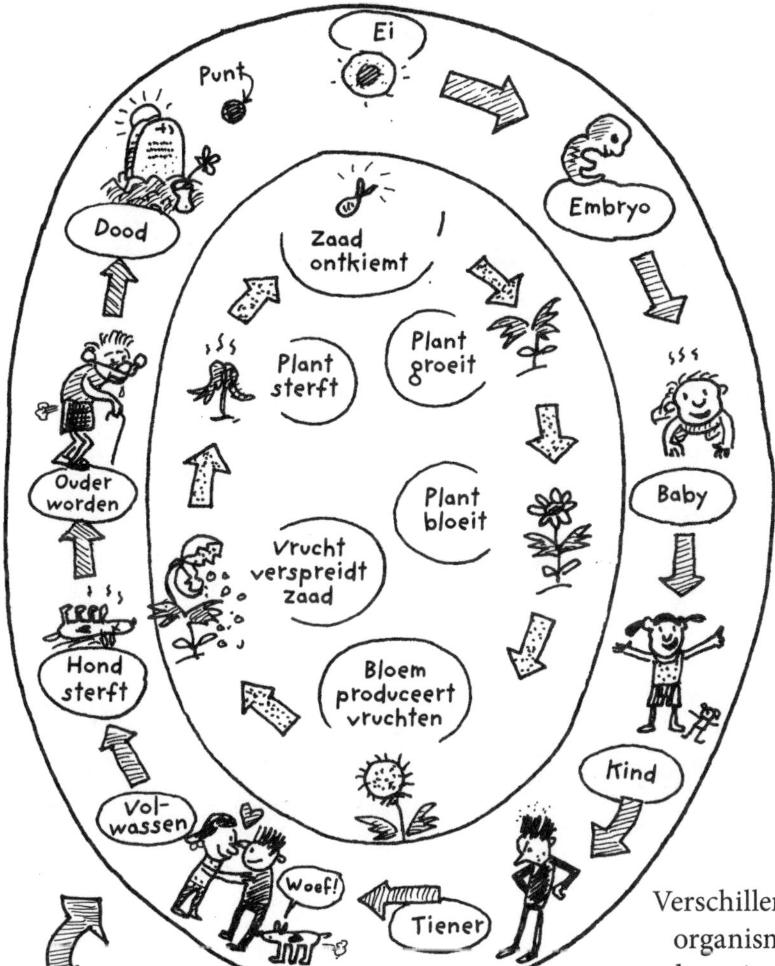

LEVENSKRINGLOOP

Verschillende organismen verouderen in een verschillend tempo.

Als je het vergelijkt met hoelang het heelal al bestaat, dan is er nog maar heel KORT leven op aarde.

De grootsheid van de tijd is net zo slecht voor te stellen als hoeveel sterren er zijn, hoe groot de ruimte is, of hoe klein subatomaire deeltjes zijn.

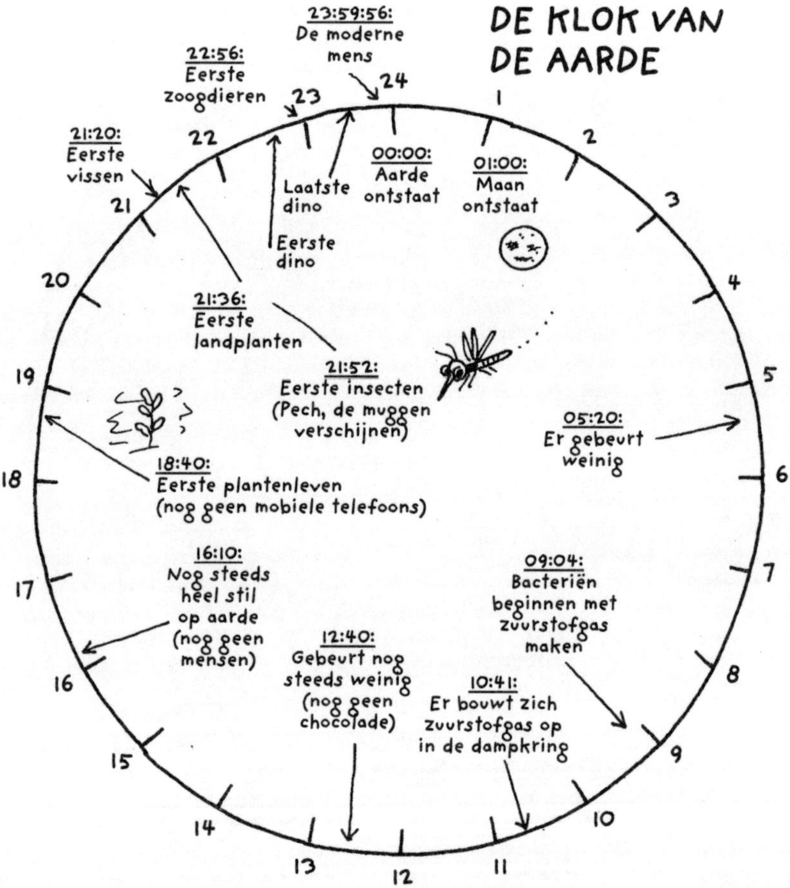

De mens is pas sinds een fractie van een seconde verschenen op de klok van de aarde. Wie weet hoelang onze soort het zal uithouden?

Zelfs onze fantastische ster,
de zon, zal UITEINDELIJK
verouderen en sterven.

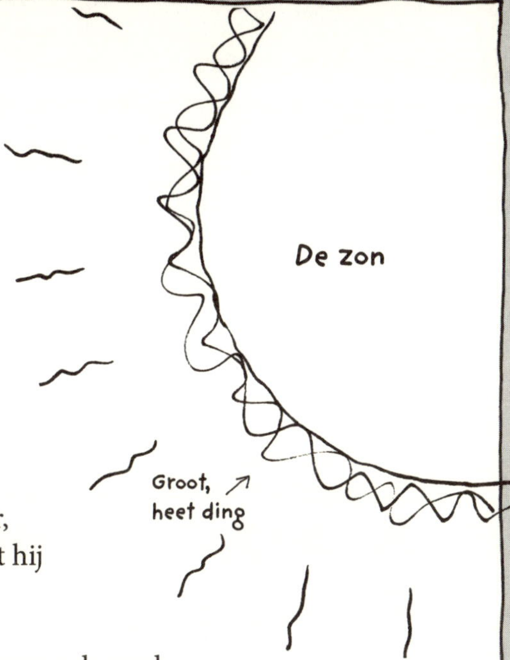

Sterren zoals de zon branden
normaal gesproken zo'n
9 tot 10 miljard jaar.

Die van ons is ongeveer
4,5 miljard jaar oud.

Dus over ongeveer 5 miljard jaar,
als de zon héél oud is, dan wordt hij
een RODE REUS.

Dan zal hij uitdijen in de richting van de aarde,
en onze planeet opslokken, samen met Mercurius,
Venus en Mars.

Maar misschien zal onze TAAIE kleine planeet toch overleven.

Zelfs wanneer de zon heel, HEEL oud wordt en niet veel meer is
dan een gedoofde, koude WITTE DWERG, ook dan zal de aarde er
misschien nog steeds zijn.

Maar uiteindelijk zal dat wat er nog over is van de aarde de ruimte in
zweven en het opnemen tegen asteroïden en zwarte gaten.

Het leven om ons heen draait altijd om beginnetjes en eindes. Maar de zon is nog een jonge ster en hij gaat nog lang niet dood. Zal het universum ooit ophouden te bestaan? We weten het niet. We weten alleen dat het 14 MILJARD JAAR GELEDEN begon met de...

OER-

KNAL

Dat weten wetenschappers omdat ze het licht en andere straling die van ver uit de ruimte komt hebben onderzocht. Dat laat zien dat het universum sinds de oerknal afgekoeld en uitgedijd is.

VOOR HET BEGIN

Maar wat was er VOOR de oerknal?

Misschien was er NIKS.
GEEN materie en GEEN tijd.
Hoe zou dat zijn?

De wetenschap van het heelal zit vol met

GROTE IDEEËN.

In dit hoofdstuk moet je je het ONVOORSTELBARE voorstellen!

Ben je er klaar voor?

Wetenschappers zeggen dat je, als je de terugspoelknop van het heelal in zou kunnen drukken en de tijd terug zou kunnen zien lopen, het heelal steeds kleiner en kleiner zou zien worden.

Op het eind zou alles ongelooflijk klein zijn, veel, veel kleiner nog dan zelfs het kleinste subatomaire deeltje.

Wat er voor de oerknal was, noemen wetenschappers DE SINGULARITEIT.

De singulariteit zou een oneindig klein volume gehad hebben met een oneindig grote dichtheid. Een piepklein balletje met hitte en energie dat alle massa en alle ruimtetijd bevatte waaruit nu ons HELE HEELAL bestaat.

De singulariteit,
1.000.000.000.000.000.000
000.000.000.000.000.000
000.000.000.000.000.000
000.000.000.000.000.000
000.000.000.000.000.000
000.000.000.000.000.000
000.000.000.000.000.000
000.000.000.000.000.000
000.000.000.000.000.000
en een half keer vergroot.

Dit KAN betekenen dat tijd nog niet bestond.
Of het kan betekenen dat tijd WEL bestond, maar dat hij gewoon ANDERS was.

Misschien ging de tijd toen niet alleen maar één kant op.
Misschien ging hij alle kanten op en creëerde zo PARALLELLE UNIVERSUMS.

Dus ons universum is misschien maar een gedeelte van iets veel GROTERS.
En… misschien bestaan er verschillende versies van jou in andere universums, die verschillende versies van jouw leven leiden.

Maar wat als de tijd

**GEEN BEGIN HEEFT
EN OOK GEEN EINDE?
DAT IS PAS EEN GROOT IDEE!**

Misschien is de tijd een beetje zoals deze ring van Möbius.

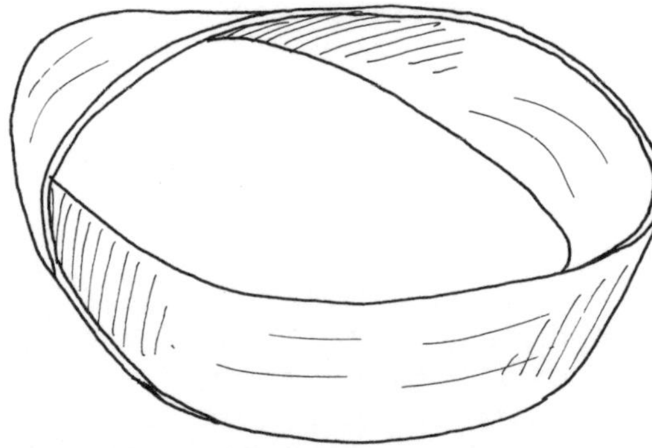

Je kunt een Möbiusring maken door een papieren strook te draaien en de uiteinden aan elkaar te plakken, zodat hij eruitziet als op dit plaatje.

Stel je nu een mier voor die op een van de kanten van de strook begint te lopen. Hij kan eeuwig door blijven lopen, de ring zal nooit eindigen.

Tijd ZOU net zoiets kunnen zijn.

FEITENVAKJE

De KLASSIEKE NATUURKUNDE, de wetenschap van Isaac Newton (herinner je je hem nog?), gebruikt wiskunde om aan te geven hoe iets werkt in de wereld die we kunnen zien en waar we deel van uitmaken. KWANTUMNATUURKUNDE zegt ons iets over de dingen die voor ons te klein zijn om te ervaren. Het gaat bij kwantumfysica nog steeds over materie en energie, maar het is de wetenschap van het heel, heel kleine – van atomen en subatomaire deeltjes.

Tijd in onze wereld is een grote pijl die met gelijke snelheid één kant op beweegt.

Maar KLOPT dat wel? Aan het begin van de twintigste eeuw bedacht Albert Einstein de RELATIVITEITSTHEORIE. Deze theorie geeft aan dat tijd trager gaat wanneer de zwaartekracht toeneemt op het ding dat tijd ervaart. En sneller gaan remt de tijd ook af.

Einstein had het NIET over hoe de tijd langzamer gaat als de school bijna uitgaat.

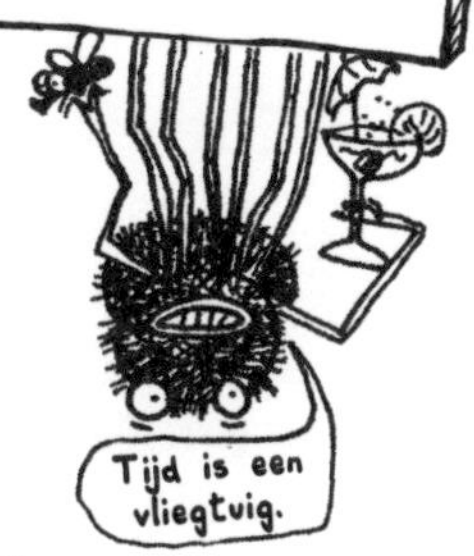

Hij noemde het TIJDSDILATATIE. Wetenschappers kunnen bewijzen dat dit ECHT GEBEURT. Maar het is net als het getij. In het dagelijks leven merk je er niks van.

Toen wetenschappers een atoomklok naar de ruimte stuurden, liep die toen hij terugkwam inderdaad achter vergeleken met eenzelfde klok op de aarde.

De tijd ging langzamer toen de klok sneller bewoog.
Dat betekent dat je sneller dan iemand anders vooruit in de tijd zou kunnen reizen.

Stel je een baby-astronaut voor die ongeveer met de snelheid van het licht heeft gereisd. Als ze een tweelingzusje had dat thuis was gebleven, dan zou de baby-astronaut veel jonger thuiskomen dan haar tweelingzus. Haar tweelingzusje op aarde zou in een 'normaal' tempo ouder zijn geworden.

Einsteins relativiteitstheorie leert dat je, als je SNELLER gaat dan het licht, ook TERUG in de tijd kunt reizen.

Dat gaan we doen!

Laten we gaan TIJDREIZEN!

Helaas is er wel een probleem. Een nogal groot probleem.

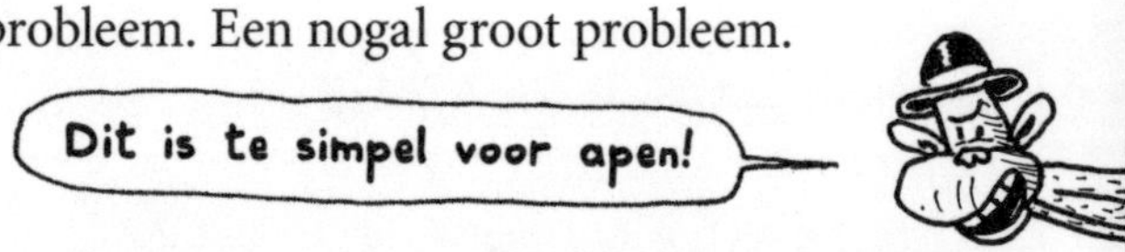

We zijn van ATOMEN gemaakt. En ook al zijn atomen grotendeels niks, toch zijn ze altijd nog wel IETS. Dat iets is MATERIE. Licht is ENERGIE, geen materie. Het is gemaakt van dingen die FOTONEN, lichtdeeltjes, heten.

Materie heeft een massa en moet dus gehoorzamen aan de regels van de natuurkunde. Maar licht niet.

E= energie
M= massa
C= lichtsnelheid

Einsteins formule $E = MC^2$ stelt dat weinig massa dus gelijk is aan heel veel energie, omdat de lichtsnelheid heel groot is. Het betekent dat je, als je massa hebt (wat wij hebben, maar licht niet), zwaarder wordt naarmate je sneller gaat. En zwaarder worden betekent dat je meer en meer energie nodig hebt om sneller te blijven gaan. Als je dicht bij de lichtsnelheid zou komen, zou je massa GIGANTISCH zijn.

Daarna zou die **ONEINDIG** worden.

Het is dus onmogelijk om sneller dan het licht te gaan.
Licht wint elke race.

Einstein dacht nog eens na en kwam toen met een andere theorie.
Stel je voor dat dit raster een combinatie is van ruimte en tijd.

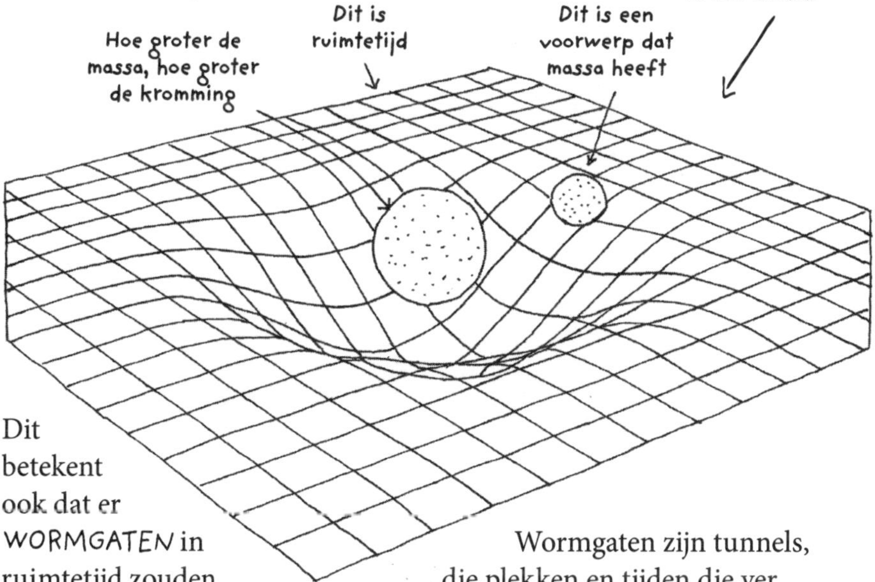

Dit betekent ook dat er WORMGATEN in ruimtetijd zouden kunnen zitten.

Wormgaten zijn tunnels, die plekken en tijden die ver van elkaar af zijn, verbinden.

Dus er is nog altijd een KANS dat we ooit door wormgaten in de ruimtetijd kunnen reizen. Maar samenvattend:

TIJDREIZEN IS...

... MOGELIJK als je in een ander tempo dan iemand anders wilt verouderen.

Maar ZEER ONWAARSCHIJNLIJK als je terug wilt naar vorige week zaterdag.

Of naar de vorige eeuw om Albert Einstein te ontmoeten.

Een slimme geschiedkundige denkt altijd na over wie de schrijver is en wat zijn bedoelingen waren. En hij controleert verschillende bronnen om zeker te weten dat de volledige waarheid wordt verteld.

Of naar de jura om een wedstrijdje te doen met een velociraptor.

Of miljarden jaren terug om het eerste leven op aarde te checken.

Of naar wat er voor de oerknal was (singulariteit).

ONEINDIG EN VERDER!

Zelfs vooruitreizen door heel snel te gaan wordt lastig. En waarschijnlijk dodelijk.

Als je versnelt, afremt of een plotselinge bocht maakt, krijgt je lichaam te maken met G-KRACHTEN.
Die kun je voelen als je in een achtbaan zit.

Bij te veel g-kracht kun je je botten breken, kunnen je zachte organen barsten of wordt al je bloed naar je hersenen gestuurd (iew).

Paard reist met 25 g-kracht.

Vogel reist met 25 g-kracht binnen in haar g-bestendige ei van titanium.

Bovendien: hoe sneller we in de ruimte gaan, des te waarschijnlijker is het dat we KEIHARD botsen met iets wat RAZENDSNEL de andere kant op gaat.
Zoals kleine meteorieten die zo'n 300.000 km per uur gaan.
Met die snelheid zijn het simpelweg superkrachtige ruimtekogels.

De grootste snelheid waarmee de mens ooit vloog, was tijdens de Apollo 10-ruimtemissie. En die astronauten gingen maar 39.897 km per UUR. Veel langzamer dus dan de 299.792 km per SECONDE waarmee licht in een vacuüm reist.

Zelfs als je door de tijd KON reizen, wat zou je dan doen?

Je kunt niet terug in de tijd reizen om iets te VERANDEREN, want dan zou het niet gebeurd zijn.
En dan zou je niet terug in de tijd gereisd zijn om het tegen te houden.

En wat als je PER ONGELUK iets verandert? Bijvoorbeeld als je tijdmachine de toekomstige jij plet? Of erger nog! Wat als je naar het verleden reist en je plet je tien jaar oude opa?

Dan wordt hij nooit ouder, hij krijgt geen kinderen en jij zou nooit geboren zijn.

Het goede nieuws is dan dat je niet zou BESTAAN en dus ook niet terug de tijd in kon reizen en hem per ongeluk pletten.
Zoiets noemen ze een PARADOX.

Gelukkig kun je niet door de tijd reizen, want je zou in een dikke vette TIJDLUS vast komen te zitten, in plaats van nu dit boek te lezen!

7

IK HOOP DAT JE OPGELET HEBT, WANT HIER KOMT EEN TEST

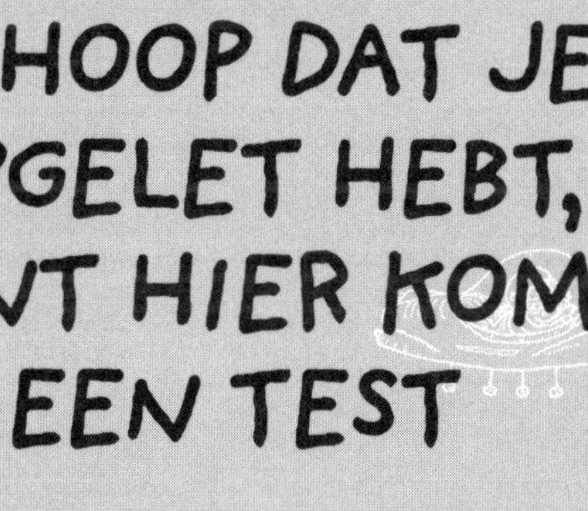

Oké, ik geef het toe…
Ik ben ZO AARDIG.

ER IS GEEN… TEST

PAARD IS MIJN VRIEND
Ik heb een cadeautje van leds voor je gemaakt!
Wauw, Vogel!

In plaats daarvan geef ik je hier alle antwoorden op de vragen van het heelal… en de zin van het leven – helemaal gratis!

Het universum is een GIGANTISCH iets,
en toch was het aan het begin zo klein
dat je het niet kon zien.

Toen OERKNALDE het!

JIJ bent een klein iets dat vol zit met
piepkleine ietsen.
Maar vergeleken met die piepkleine dingen
ben jij net zo groot als het universum.

Het universum is 14 miljard jaar oud.
De aarde is 4,5 miljard jaar oud.
Miljarden jaren lang gebeurde er niet veel.
Toen kwamen de mensen.
Niet door een invasie van aliens,
maar door de evolutie.

Na een tijdje vond de mens het vuur uit,
de landbouw, spullen, auto's, vliegtuigen,
medicijnen, elektrisch licht, tv, raketten,
internet en CHOCOLADE.

Maar geen van die dingen zou uitgevonden
zijn als we niet eerst communicatie
hadden uitgevonden, en samenwerking en
VRIENDSCHAP.

En dat is onze mooiste uitvinding ooit!

DUS
DIT IS
ECHT ....

En nu ga je buiten in de modder spelen.

LEES OOK DE BOEKEN

De waanzinnige
boomhut van
13 verdiepingen
isbn 978 94 014 0932 2

De waanzinnige
boomhut van
26 verdiepingen
isbn 978 94 014 1534 7

De waanzinnige
boomhut
van 39 verdiepingen
isbn 978 94 014 2101 0

De waanzinnige
boomhut van
52 verdiepingen
isbn 978 94 014 2702 9

De waanzinnige
boomhut van
65 verdiepingen
isbn 978 94 014 3376 1

VAN 'DE WAANZINNIGE BOOMHUT'

De waanzinnige
boomhut van
78 verdiepingen
isbn 978 94 014 4117 9

De waanzinnige
boomhut van
91 verdiepingen
isbn 978 94 014 4311 1

De waanzinnige
boomhut van
104 verdiepingen
isbn 978 94 014 5762 0

De waanzinnige
boomhut van
117 verdiepingen
isbn 978 94 014 6538 0

De waanzinnige
boomhut van
130 verdiepingen
isbn 978 94 014 7311 8

KEN JIJ DEZE BOEKEN

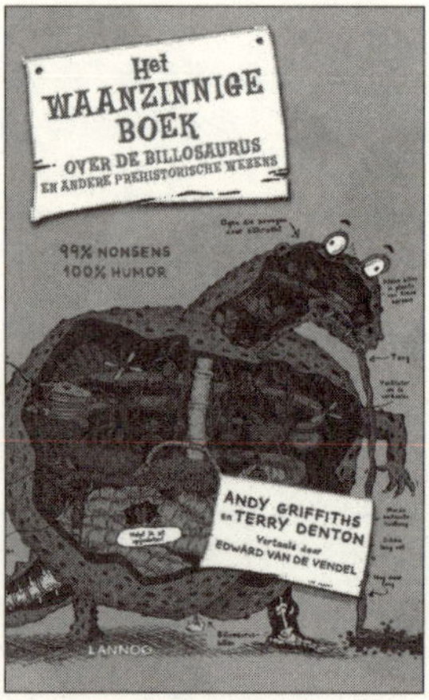

Het waanzinnige boek over de Billosaurus
isbn 978 94 014 2860 6

Het waanzinnig boek over je lichaam
isbn 978 94 014 2417 2

Hoe schrijf ik een waanzinnig boek?
isbn 978 94 014 3835 3

VAN ANDY EN TERRY AL?

De waanzinnige boomhut –
Het doeboek
isbn 978 94 014 4401 9

De waanzinnige boomhut –
Het doeboek 2
isbn 978 94 014 5527 5

Het waanzinnige moppenboek
isbn 978 94 014 6904 3

EN VOOR FANS

Ontzettend irritant
isbn 978 94 014 6275 4

MET HONGER NAAR MEER

Ontzettend stom
isbn 978 94 014 6572 4

www.lannoo.com

Registreer u op onze website en we sturen u regelmatig een nieuwsbrief met informatie over nieuwe boeken en met interessante, exclusieve aanbiedingen.

ISBN 978 94 014 7714 7
D/2021/45/189
NUR 210, 225

Oorspronkelijke titel: *Terry Denton's Really Truly Amazing Guide to Everything*
Oorspronkelijke gedeeltelijke uitgave: Penguin Books Australia, 2014.
Deze editie is voor het eerst gepubliceerd door Penguin Random House Australia Pty Ltd.
Deze vertaling kwam tot stand in overeenkomst met Penguin Random House Australia Pty Ltd.

Vertaling: Edward van de Vendel